마지막 변수

수수케이키와 열반3000

노현빈 지음

덕주

마지막
변수 수수케이키와
열반3000

Contents Table

1부   마지막 변수   9

  1 이성적인 오링 문명   11
  2 다시는 거스름돈을 무시하지 말라   12
  3 오링인들의 정보 발전에 관하여   13
  4 새로운 생각이 고갈된 오링 문명   16
  5 지구인들에 의해 살아난 오링 문명   17
  6 생각을 멈춘 7개의 지구   20
  7 자유 변수에 관하여   22
  8 SNS가 발명되어 버린 E-3000   24
  9 《열반 3000》   25
    《열반 3000》 프로젝트 제안서   27
    《열반 3000》 프로젝트 승인서   28

2부   열반3000   29

  서문   32

  1일 차   37
  모델과 격   38

    1 모델   42
      절대적 진리는 없다   42
      더 많은 모델을 고려하자   46
      모든 생각은 모델이다   50
    2 모델의 격   55
      모델 선택은 취향의 문제가 아니다   55
      복잡하거나 윤리적인 모델이라고 해서 더 높은 것이 아니다   58
      추상화된 분야일수록 모델은 오래 살아남는다   62
      서로 다른 분야에 있는 모델들의 격을 비교하는 방법   64
    3 이성   66
      이성으로 독립하기   66
      무거운 것을 들어야 힘이 세진다. 높은 모델을 들어야 이성이 세진다   69
    4 안목과 교양   73
      안목으로 독립하기   74
      높은 모델이 아닌 적절한 모델로 성공하기   76
      교양으로 독립하기   80
    5 공감과 사람의 격   83
      공감의 높이도 정의할 수 있는가?   83
      사람의 격은 이성과 공감의 격의 합이다   85

6 창조와 예술   87
    창조하는 순간이 가장 자기다운 순간   87
    기존 맥락을 알아야만 창조도 가능하다   88
    자신의 최대 능력을 개방한 상태인 무아로 들어가는 법   90
1일 차 요약 / 정의된 용어   97

2일 차   99
득도의 에센스와 스타일   100

1 에센스와 스타일   101
    에센스는 기본기, 스타일은 기본기의 파괴   101
    모델의 아름다움은 그 모델의 고유한 결점에서 온다   104
    에센스와 스타일을 구분해야 분야를 섭렵한다   105
2 득도의 에센스와 스타일   107
    득도의 에센스는 열반이다   108
    득도는 도착 지점이 아니라 가고 있는 상태다   110
    무위(無爲)   112
    득도의 스타일은 모델의 채택이다   115
3 실행 가능한 득도 모델   117
    실현 한계만 상상하면 득도한다   117
    일론 머스크가 화성에 가려는 이유   122
    실현 한계에 대한 상상은 정교해지기만 한다   124
4 김득도와 득도   126
    김득도로 최대 득도 에센스에 도달하기   127
    김득도로 가장 자유로운 스타일을 만든다   130
    김득도를 위한 격의 훈련   131
    인지하고 하는 모든 행동은 수련이 된다.   135
5 실현 한계 상상하기(김득도 하기)   137
    작은 세계에서 큰 세계로 김득도   138
    큰 세계에서 작은 세계로 김득도   142
2일 차 요약 / 정의된 용어   144

3일 차   145
득도하고 도를 행하기   146

1 거리낌 없이 원하는 대로 행동하면 모든 일이 잘 풀린다   147
2 득도하기로 선택하는 순간 득도한다   151
3 득도(得道)   155
4 득도한 상태   157

득도인은 투명하다 157

배려란 상대의 모델 채택 행위를 건드리지 않는 것 158

예술가적 삶의 태도란 161

환경이 나를 지배한다 164

득도인은 시뮬레이션 게임의 주인공 165

모든 생각은 끝까지 모델이다 167

5 죽지 않고 천하를 얻는다 168

득도로 생존 해결하기 170

무위의 영향권 172

득도의 공개와 유유상종 175

3일 차 요약 / 주요 용어 178

여담 179

1 비득도 적발하기 180

이상주의자, 본질주의자 181

원칙주의자 183

선한 영향력을 미치고 싶다는 사람 184

짜증 내거나 화내는 사람 185

깊은 생각을 회피하는 사람 188

창조하지 않는 사람 190

2 격의 훈련에서 문학 vs 철학 그리고 삶 191

뜬금없이 그래프론에서의 DFS와 BFS 소개 192

문학작품으로의 격의 수련 194

철학 이론 체계로의 격의 수련 196

삶으로의 격의 수련 198

3 관계와 협업 199

안목의 작동을 숨겨야 하는 상황 200

말한다면 잘 들리게 말하기 201

누구에게 말해야 하는가? 203

팀 구성하기 204

천하를 운영하기 205

에필로그 209

용어사전 210

3부 에필로그 211

마지막 변수

1부

마지막 변수

1
이성적인
오링 문명

얼마나 완벽한 계획을 세워야 인생이 원하는 대로 흘러가게 될까?

여기 문명의 역사 동안 매우 논리적인 선택만을 해왔음에도 불구하고 먹고사는 것이 힘들어진 오링 문명이 있다. 이들은 9차원의 우주까지 관측한 비교적 발전된 문명으로 현재는 7차원의 공간에 정착하여 살고 있다.

오링인의 가장 큰 특징은 그들이 매우 이성적이라는 것이다. 그들이 얼마나 이성적이냐면 오링 문명에 오링 복권이 출시된 이후 수만 년 동안 오링인 그 누구도 구입하지 않았을 정도다. 그도 당연한 것이, 이성적인 오링인들이 판단했을 때 복권은 기대수익이 마이너스인 투자이기 때문이다. 그래서 오링 복권은 오링에 방문한 외부 관광객들만이 가끔 한두 장씩 구매할 뿐이었다. 그럴 때마다 오링인들은 관광객들이 자신들에게 '멍청세'를 납부한다고 놀려대고는 했다.

그런데 언젠가 오링 복권의 기대수익이 플러스가 된 적이 딱 한 번 있었다. 수만 년 동안 복권의 당첨자가 단 한 번도 나오지 않았던 사이에 관광객들의 적립금이 그만큼 쌓인 것이다. 이때는 복권을 구매할수록 돈을 버는 것과 마찬가지였기에 오링인들에게는 전 재산을 복권 구입에 쓰는 것이 이성적인 행동이라고 할 수 있었다.

모든 오링인은 그 즉시 전 재산을 털어 복권을 샀다. 그러나 이 이성적인 오링인들도 간과한 것이 있었으니 해당 회차에서도 복권의 당첨자가 나오지 않을 수 있다는 점이었다. 안타깝게도 그 회차에서마저 복권의 당첨자는 나오지 않았고 모든 오링인은 전 재산을 문명에 '똑똑세'로 헌납하며 빈털터리가 되었다. 그리고 오링인들의 풀매수로 8,352배나 쌓인 적립금은 그다음 회차에 야호 문명에서 놀러 온 관광객 부부에게 돌아갔다.

2
다시는 거스름돈을
무시하지 말라

복권 사태 이후 오링 문명은 매우 궁핍한 삶을 영위하게 되었다. 참고로 대부분의 우주 문명은 에너지를 화폐로 사용하고 있는데 오링인들이 에너지는 물론 물질 자원까지 전부 복권 구입에 밀어 넣었기 때문에 하루 벌어 하루 먹고살기도 힘든 날들이 이어졌다.

오링인들은 아주 미세한 에너지 차이에도 삶의 질에 큰 영향을 받았기에 아주 작은 에너지의 손실에도 민감하게 반응했다. 그러면서 그들은 에너지가 교환되는 과정을 유심히 들여다보게 되었는데 여기서 놀라운 발견을 하게 된다. 바로 정보를 에너지로 바꿀 수 있다는 사실이다.

대부분의 우주 문명은 그 발전 과정의 초기에 물질과 에너지를 교환하는 방식에 대해 이해하게 된다. 이는 $E=mc^2$으로 쓸 수 있는 질량-에너지 등가의 법칙이다. 하지만 통상 물건의 가격이 298,370,234코스모

인지 298,370,233코스모인지는 신경 쓰지 않듯이 보통은 $E=mc^2$이라는 공식이면 충분히 정확하다고 생각한다.

하지만 오링인들은 이 1코스모의 차이에도 민감하게 따지고 반응했다. 물론 누군가는 오링인들의 속이 좁다고 생각할 수도 있을 것이다. 하지만 이는 선조들이 일궈놓은 문명의 유산을 모두 탕진해 버린 오링인들에게는 내일의 생존이 걸린 문제였다. 누가 그들에게 운석을 던질 수 있겠는가?

오링인들은 곧 물질과 에너지의 교환 공식이 $E=mc^2$이 아니라 $E=mc^2+O \cdot I$라는 사실을 알아낸다. 여기서 O은 오링 상수, I는 정보량이다.

그리고 이 놀라운 발견은 오링인들이 에너지를 생성하는 새로운 발전 방법을 발명하게 해주었다. 이는 물질을 에너지화하는 원자력 발전이나 핵융합 발전과는 근본적으로 다른 원리를 가지고 있었다. 그것은 바로 정보를 수확하는 정보 발전이다.

3
오링인들의
정보 발전에 관하여

자연 상태에서 모든 정보는 최대한 흩어지려고 한다. 이를 엔트로피 증가의 법칙이라고 한다. 하지만 우연이든 의도되었든 정보가 흩어지지 않고 어떠한 방식으로 정렬이 되어 있으면 그것은 어떤 정보량을 가진다.

마치 꿀벌이 꽃에서 꿀을 빨아 먹듯 오링인들 역시 우주에 퍼져있는 정보량에서 아주 작은 정보 에너지를 빨아먹는 방법을 터득하게 되었다. 그리고 이 기술의 응용 방법을 연구한 결과 오링인들은 대표적으로 두 가지의 정보 발전 방식을 만들어냈다.

첫 번째 방식은 다른 우주 문명의 정보량을 통신으로 빼앗아 오는 것이다. 서로 다른 우주 문명 간의 통신은 흔하다. 하지만 문명 간의 직접 이동이 흔치 않은 것은 에너지가 너무 많이 들기 때문이다. 따라서 문명의 존망이 걸리지 않는 한 직접 이동하는 일은 없었다.

이 점에 착안하여 오링인들은 묘수를 냈다. 주변 문명들에 블록체인 암호화폐를 통신으로 전달한 것이다. 그리고 스스로 점점 높은 가격에 사고팔며 암호화폐 가격을 조작했다. 오링인들이 보낸 암호화폐를 채굴하기 위해서는 복잡하지만 무의미한 방정식을 풀어야 했고 다른 문명 우주들은 막대한 자원을 들여 계산을 수행하며 암호화폐를 열심히 채굴했다. 마침내 방정식이 풀리며 암호화폐가 채굴되면 오링인들은 그 계산 결과를 통신으로 받아와서 에너지화하였다. 복잡한 방정식의 답에는 그만한 정보량이 들어있기 때문이다.

이를 알아차린 몇몇 문명들의 항의가 이어지기도 했지만 위협이 되지는 않았다. 어차피 오링 문명까지 직접 찾아올 정도의 문제는 아니었기 때문이다. 항의가 계속되는 경우에는 고위층에게 암호화폐를 몇 푼 쥐여주면 금세 잠잠해졌다.

하지만 우리가 주목할 것은 정보 발전의 두 번째 방식이다. 이는 생명체들의 생각을 추출하여 에너지화하는 방식인데 이를 통해 앞서 소개한 방법보다 훨씬 많은 에너지를 생산할 수 있었다.

방정식의 답은 수학이라는 언어로 기술될 수 있다. 하지만 생명체들의 생각은 감정이나 느낌과 같이 언어로 표현될 수 없는 맥락까지 포함한 훨씬 큰 정보량을 가지고 있다. 이 차이가 얼마나 컸던지 한 오링인의 생각을 추출하면 지금까지 다른 문명에서 암호화폐로 착취한 모든 에너지보다 수백 배나 많은 에너지를 얻을 수 있었다.

물론 오링인들의 생각을 안전하게 추출하는 것이 중요했기 때문에 오링 문명에서는 가장 크고 복잡한 기계인 '생각 추출기'가 만들어졌다. 모든 오링인은 무사했으니 걱정은 마시라.

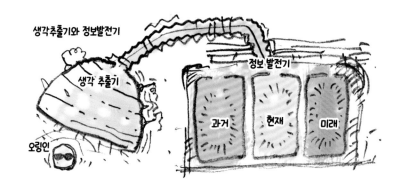

오링 문명에서 두 번째로 큰 기계 '정보 발전기'는 세 부분으로 구성되어 있다. 지금까지 에너지화된 모든 정보를 담고 있는 저장소인 '과거' 모듈, 정보에서 에너지를 추출하는 발전기인 '현재' 모듈 그리고 정보를 구조화하여 정리하는 '미래' 모듈이다.

정보 발전의 생산량을 높이는 데 있어 중요한 것은 기존에 없던 새로운 생각을 과거 모듈에 넣는 것이었다. 기존에 존재하던 생각을 과거

모듈에 넣으면 그대로 녹아 없어졌고 새로운 생각을 넣었을 때만 추가된 정보량만큼의 에너지가 생산되었기 때문이다.

4
새로운 생각이
고갈된 오링 문명

하지만 새롭다는 것에는 한계가 있는 것인지 수만 년의 시간이 흐르며 어느덧 오링인들에게서는 새로운 생각이 나오지 않게 되었다. 이제 모든 오링인의 생각은 선조들이 언젠가 한 번쯤 해본 것에서 크게 벗어나지 않게 된 것이다.

오링인들은 이미 모든 생각을 떠올린 선조들의 지혜에는 감탄했지만 그 생각을 뛰어넘지 못하는 자신들의 무능함에는 통탄했다. 오링인들의 부족한 에너지 생산량은 점점 큰 문제가 되고 있었다.

이 와중에 오링 문명의 지혜로운 선조들은 에너지를 하나도 비축해놓지 않았다. 일찌감치 후대의 생존은 자신들과 상관없다는 논리적인 결론을 내리고 에너지가 생산되는 족족 전부 플렉스flex 해버렸기 때문이다. 선조들도 역시 오링인인지라 이성적으로 행동했던 것이다.

하루빨리 새로운 에너지원을 찾지 않는다면 오링 문명은 그대로 사라질 위기였다.

그러나 오링인들에게는 다른 문명으로 '생각 추출기'를 보낼 에너지도 없었고 외부의 어디에선가 에너지를 싣고 올 수도 없었다. 다른 문명

생명체의 생각을 통신으로 받는 것도 의미가 없었다. 통신으로 전송할 수 있는 생각은 애초에 언어화가 가능하다는 뜻이기 때문에 들어있는 정보량이 많지 않았기 때문이다.

긴 논의 끝에 오링인들은 자신의 문명 안에서 새로운 생명체를 만들기로 했다. 하지만 당장 에너지화할 물질 자원도 부족했기에 물질화된 생명체들을 만드는 것은 불가능했다. 그래서 나온 결론이 시뮬레이션이었다. 오링인들은 낮은 초기비용으로 시뮬레이션 생명체인 인간, 그리고 이들이 살아갈 시뮬레이션 세상인 지구를 만들었다.

5
지구인들에 의해
살아난 오링 문명

지구는 인간을 변수로 하는 신경망 구조로 설계되었는데 여기서 잠시 신경망이 무엇인지 알아보자.

신경망은 여러 변수가 복잡하게 얽혀 있는 시스템이다. 생물의 뇌에서 가까운 뉴런들이 서로 전기신호를 주고받듯이 신경망에서도 가까운 변수들이 서로 영향을 주고받는다. 이 구조의 장점은 명확한 목표가 있을 때 각 변수가 그 목표를 향해 각자 정교한 값을 찾아가도록 할 수 있다는 점이다. 오링인들에게는 많은 정보 에너지를 생산하려는 명확한 목표가 있었기 때문에, 이를 목표로 설정한 신경망 구조는 지구를 설계하는 데 적합한 방식이었다.

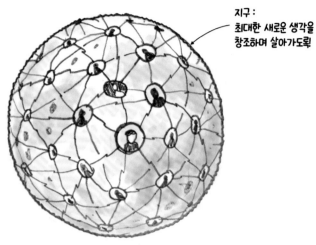

지구 :
최대한 새로운 생각을
창조하며 살아가도록!

지구의 가까운 변수들끼리 소통하며 최적화 된다

　지구는 4차원, 인간은 3차원으로 설계되었는데 그 이유는 오링 문명과의 통신 권한을 차별화하기 위함이었다.

　여기서 자세히 설명하지는 않겠지만 살짝 얘기하자면 오링인들이 정착한 7차원의 절반인 3.5차원보다 큰 4차원에서는 7차원을 관측할 수 있지만 절반보다 작은 3차원에서는 관측이 불가능하다.

따라서 지구는 오링 문명과 대용량의 정보를 주고받을 수 있도록 4차원으로 만들어졌다. 반면 인간은 3차원으로 만들어졌다. 인간이 오링인들의 고차원적인 생각을 관측하면 높은 확률로 그 생각에 매료되어 새로운 생각을 만들어내지 않을 수 있기 때문이다.

　인간은 새로운 생각을 잘 생산하기 위해 질문하는 존재로 설계되었다. 하지만 디자인 예산 부족으로 적당히 말랑말랑한 모양으로 만들어졌다.

　지구는 이렇게 오링인들에 의해 만들어졌고 지구 신경망의 변수인 인간들은 우연으로 가득한 삶을 살아가기 시작했다. 그들은 즐겁게 서로 다양한 정보를 주고받으며 수많은 질문과 답을 만들어냈다. 소통의 오류로 오차가 생기기도 했고 일부러 잘못된 정보를 흘리기도 했다. 이 모든 것을 포함한 복잡한 상호작용을 통해 지구에서는 전쟁과 평화, 사랑과 죽음 등 풍부한 맥락이 만들어졌다.

시간이 지날수록 변수들은 더욱 최적화되었다. 오링인들의 생각을 추출하던 예전만큼은 아니었지만 변수들이 더 정교한 값을 가지게 될수록 지구를 통해 더 많은 정보 에너지가 생산되었다.

그러나 역시 생산량이 마냥 늘어나기만 한 것은 아니었다. 모든 변수가 각자 가질 수 있는 가장 정교한 값에 가까워지게 되자, 즉 인간들도 오링인들처럼 자신이 만들어낼 수 있는 새로운 생각의 한계에 다다르자 지구 변수들의 최적화 속도가 느려지게 되었다. 이 지구에서는 오링인들이 추출할 정보 에너지가 점점 고갈되어 가고 있다는 뜻이었다.

오링인들은 이 지구를 은퇴시키고 모든 변수를 초기화시킨 다음 새로운 초기 설정값들을 부여하여 시뮬레이션을 다시 시작했다.

그리고 이렇게 새롭게 시작된 지구는 다시 에너지를 생산하는 현역 지구의 역할을 할 수 있었다. 초깃값이 달라진 지구는 기존과 다른 방향의 맥락을 생산했기에 오링인들은 이후에도 지구를 여러 차례 재활용하며 계속해서 에너지를 얻을 수 있었다.

은퇴 전까지 생산된 지구의 생각 모음은 몇몇 고용량 변수들에 따로 저장되었다. 오링인들은 그 고용량 변수들을 '자유 변수'라고 불렀다. 자유 변수를 통해 생각을 저장하는 방법에 대해서는 뒤에서 다시 이야기할 것이다.

6
생각을 멈춘 7개의 지구

이제 오링인들이 에너지를 얻는 방법은 지구밖에 없었기 때문에 에너지 생산량 관리의 실패는 문명의 멸망으로 이어질 수도 있었다. 죽느냐 사느냐의 갈림길에서 오링인들은 더욱 이성적으로 행동했다. 그들은 남는 에너지를 최대한 비축하며 지구를 하나씩 늘려갔다. 동시에 운영되는 현역 지구의 개수는 7개까지 늘어나게 되었다.

각 지구에는 정보 에너지의 생산량이 풍부한 시기와 부족한 시기가 있었다. 그러나 여러 지구 중 최소한 하나 이상에서는 대체로 안정적인 정보 에너지 생산이 이루어졌기 때문에 오링인들은 과도하게 힘든 시기 없이 문명을 유지할 수 있었다. 오링인들은 새로운 생각들을 계속해서 만들어내기 위해 각 지구의 초기 설정값을 다채롭게 바꿔가며 관리했다.

하지만 현재 오링인들은 전례 없는 위기에 직면해 있다. 7개의 지구 모두가 에너지 생산량이 시원찮아서 그들의 생존이 위협받고 있는 것이다. 여러 가지 불운이 겹치며 6개의 지구는 최근 초기화되어 양생 중이거나 피해로부터 복구 중이기 때문에 정보 에너지를 충분히 생산하기까지는 시간이 더 필요한 상황이다.

따라서 현재 오링인들은 E-3000으로 불리는 하나의 지구에서 나오는 정보 에너지에 전적으로 의존하고 있다. 그런데 문제는 지구 E-3000이 새로운 생각을 생산하는데 있어서 매우 위태로운 상태라는 것이다. 오링 문명 연구소의 계산에 따르면 오링인들에게 남은 시간이 얼마 없으며 멸망을 피하기 위해서는 지구 E-3000에 긴급한 조치가 필요하다. 다른 6개 지구가 정보 에너지를 다시 생산할 수 있을 때까지 어떻게든 버텨내야 하는 절체절명의 상황인 것이다.

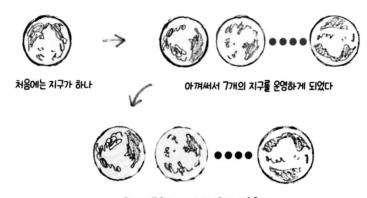

처음에는 지구가 하나

아껴써서 7개의 지구를 운영하게 되었다

그런데 지금은 7개 모두 생산량이 시원찮다

물론 이러한 상황 역시 오링인들의 이성적 선택이 초래한 위기다.

지구의 초깃값 중에는 '귀찮음'이라는 변수가 있다. 이를 높게 설정하는 것은 단일 지구에서 많은 에너지를 생산해야 하는 상황에서 자주 취해졌던 조치이다. 귀찮음이 높은 인간들은 일을 하지 않기 위해 창의적인 편법들을 개발하는 데 온갖 노력을 쏟았고 이 과정에서 새로운 생각들이 많이 생성되었기 때문이다.

하지만 초기화되는 모든 지구에 귀찮음을 높게 설정할 수는 없었다. 초깃값이 유사하면 비슷한 생각으로 이어질 가능성이 높았기 때문이다. 이미 존재하는 생각에서는 정보 에너지가 추출되지 않았으므로 이는 위기 상황에서만 제한적으로 사용되는 조치였다.

이번에도 오링인들은 몇몇 지구에 의존해야 하는 상황이었기에 지구 E-3000 변수들의 귀찮음을 높게 설정했다. 그러나 지구 E-3000에서는 이전 지구들과는 다른 양상이 펼쳐지고 있었다. 귀찮음의 강도를 너무 높게 설정한 탓인지 이 인간들이 편법을 개발하는 생각조차 귀찮아한 것이다.

지구 E-3000의 인간들은 이상하리만큼 스스로 생각하지 않았다. 그나마 오링인들이 가끔 보내주는 자유 변수의 생각을 인간들이 재해석하는 방식으로 대부분의 에너지가 생산되었다.

7
자유 변수에 관하여

지구가 신경망이고 인간이 그 신경망의 변수라는 점을 상기해 보자.

지구가 운영되면서 지구 신경망의 변수들은 점진적으로 더 정교한 값을 갖도록 최적화 되었다. 이 과정에서 오링인들은 변수들의 값을 자신들의 정보 발전기에 입력하여 에너지를 생산했다. 모든 변수의 변화가 거의 멈추게 되었을 때 오링인들은 해당 지구에서 생성된 모든 생각을 담을 수 있는 고용량 변수들을 선별했다.

그리고 이 지구에서의 모든 생각들을 그 변수들에 나눠 담은 후 최적화가 완료된 지구를 초기화했다. 모든 생각을 흡수하기 위해 만들어진 이러한 고용량 변수의 이름이 바로 '자유 변수'다.

다른 변수들이 초기화되어 새로운 지구의 변수로 재활용되는 것과 달리 자유 변수들은 초기화되지 않고 별도로 관리되었다.

이렇게 생성된 자유 변수들은 정보 에너지가 잘 생산되지 않는 지구에 영양제처럼 투여되었다. 이 자유 변수들은 과거 다른 지구들에서 축적된 모든 생각을 합친 이야기를 다른 변수들에 전달했다. 아직 최적화가 끝나지 않은 새로운 지구의 변수들이 보기에 이 이야기들은 압도적인 아름다움을 지니고 있었을 것이다.

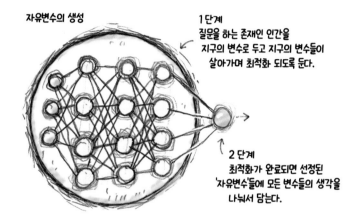

자유변수의 생성

1 단계
질문을 하는 존재인 인간을 지구의 변수로 두고 지구의 변수들이 살아가며 최적화 되도록 둔다.

2 단계
최적화가 완료되면 선정된 '자유변수'들에 모든 변수들의 생각을 나눠서 담는다.

자유 변수에 담긴 이야기들에 감명받은 새로운 지구의 변수들이 그 생각들을 자신들만의 방식으로 재해석하면 오링인들은 어느 정도의 정보 에너지를 확보할 수 있었다. 이 방법으로 오링인들은 에너지 생산이 저조한 지구에서도 일정 수준의 정보 에너지를 추출할 수 있었다.

과거 지구 E-3000의 게으름을 극복하기 위한 특별 조치로 '축의 시대' 프로젝트가 시행되었다. 이는 200개의 자유 변수를 동시에 투입하는 대규모 작전이었다. 원래 목적은 과거 지구들의 방대한 사유를 토대로 지구 E-3000의 변수들이 더욱 정교한 사고를 전개하도록 하는 것이었다.

그러나 지구 E-3000의 인간들은 이 생각들을 발전시키기는커녕 단순화된 개념들만 남겼다. 이 과정에서 원래 사유의 깊이와 아름다움은 대부분 소실되었다. 결과적으로 남은 것은 일부 변수들의 이익을 위해 단순화된 사상을 비판 없이 수용하도록 하는 집단들뿐이다.

'축의 시대' 프로젝트의 실패 이후 오링인들은 지구 E-3000에 대한 자유 변수 투입을 대폭 줄여 평균 5년에 하나씩만 보내고 있다.

8
SNS가
발명되어 버린 E-3000

이제 모두 알겠지만 오링인들은 현재까지 각 지구의 정보 에너지 생산을 최적화하기 위해 다각도로 노력해 왔다. 특히 그들은 각 지구의 정보 생산량을 급감시킬 수 있는 몇몇 생각의 발현을 수없이 막아왔다. 물론 그러한 생각의 예시를 여기에서 언급할 수는 없다. 그러나 최근 지구 E-3000에서 그런 생각 중 하나인 '사회 신경망SNS'이 발명되었다. 지금까지 존재한 3,000번의 지구 중 SNS가 보급된 1,146번의 지구에서는 생각의 생산량이 급격히 감소했으며 지구 E-3000도 예외는 아니다. [1] SNS의 영향으로 변수 간 전달되는 정보의 논리적 호흡은 짧아졌고 깊이는 얕아졌다. 대부분의 변수는 복잡한 사고를 기피하게 되었고 오히려 단순함과 얕다는 것이 자랑이 되었다. 결과적으로 SNS가 보급된 지구의 변수들은 똑같은 의미의 문장을 단어만 바꿔 반복하여 말

---

1) 지구 E-3000은 7개의 지구 중 하나가 3000번 리셋 된 것이다.

하는 '짧은 동영상'을 선호하게 되었다. 다음은 지구 E-3000의 많은 변수에게 큰 감동을 줬던 한 영상의 내용이다.

"(비장한 음악과 함께) 여러분은 예술을 해야 합니다! 그렇게 해야 인생이 바뀔 수 있습니다. 인생이 바뀌는데 우리가 예술을 하지 않을 이유가 있을까요? 예술을 한 사람들은 다른 사람들과 다른 인생을 삽니다. 그것이 우리가 적어도 하나의 예술을 해야 하는 이유입니다! "

이 동영상의 제작자는 자신의 작품이 인류를 넘어 오링인들에게까지 영향을 미칠 것이라고는 상상도 하지 못했을 것이다. 그는 오링인의 존재조차 몰랐을 테니 말이다. 그러나 놀랍게도 이 영상의 메시지는 오링인들에게 큰 깨달음을 안겨주게 되었다.

바로 지구 E-3000이 이대로 간다면 오링 문명은 물론 7개 지구의 모든 변수도 전원 사망 확정이라는 깨달음을 말이다.

이 위기를 인식한 오링인들은 즉각 긴급회의를 소집했고 짧지만 치열한 논의 끝에 마침내 합의에 도달했다. 바로 마지막 변수 프로토콜을 발동하기로 한 것이다.

9.《열반 3000》

바로 여기까지가 우리가 사는 현재의 시뮬레이션 공간 지구 E-3000이 현재 상태에 이르게 된 이야기다. 평범한 지구인인 나는 우연한 기회로 이 놀라운 이야기와 관련된 방대한 문서들을 입수했다. 이 문서들은 모두 수학적 언어로 쓰였는데 우연히도 수학을 전공한 나는 그중 일부를 해석할 수 있었다. 문서들을 면밀하게 살펴본 결과 마지막 변수 프로토콜은 단순히 오링인들의 생존을 위한 에너지 확보 차원을 넘어서는 것으로 보인다. 이는 그들 문명의 숙원과 깊이 연관된 것으로 추정된다.

이 프로토콜의 첫 단계는 모든 지구의 변수의 용량을 확장하는 통합 패치를 실행하는 것이다. 계획에 따르면 '정보 발전기'의 미래 모듈이 패치를 생성한 후 이를 각 지구의 언어로 번역하여 해당 지구의 관리국으로 전송할 예정이었다. 이 패치의 이름은 《열반 3000》이다.

그러나 어떤 이유에서인지 이 패치는 지구 E-3000의 변수인 우리에게 아직 전달되지 않은 것으로 보인다. 문서에서 언급된 E-3000 관리국은 어떻게 된 것일까?

나는 개인적 판단에 따라 입수한 문서의 일부를 공개하기로 했다. 아래에 내가 입수한 문서 중 일부를 첨부했으니 그 내용은 직접 확인해 보는 것이 좋을 것이다. 공개하는 모든 문서는 원래 수학으로 작성된 원본을 내가 번역해 놓은 것이다. 여기에는 지구 E-3000의 변수인 우리 인류에게 전달하려 했던 《열반 3000》도 포함되어 있다. 이는 현재의 지구 E-3000을 포함한 지금까지의 모든 3,000개 지구의 생각을 집약한 패치다.

이 문서들을 어떻게 활용할지는 각자의 판단에 맡긴다.

[첨부1]

Subject	《열반 3000》프로젝트 제안서
Recipient	E-3000 관리국 담당자님께

아시다시피 E-3000에 자유 변수들을 투입하는 것만으로는 우리 문명의 생존이 위태로운 상황에 이르렀고 결국 마지막 변수 프로토콜이 발동되었습니다.

그 첫 단계로 '미래모듈'에 의해 변수들의 통합 패치인 《열반 3000》이 구현 중이었으나 에너지 부족으로 정보 발전기의 신경망이 다운되어 모든 계산값이 소실되는 사태가 발생했습니다.

연구소는 현재 문명의 에너지 비축분이 《열반 3000》의 구현을 다시 실행할 정도에 미치지 못하는 것으로 판단하여 대안을 모색 중이었습니다. 그런데 최근 중요한 발견이 있었습니다. 수수케이키 박사가 《열반 3000》의 불완전한 계산값을 기반으로 만든 구현이 우연히 발견되었습니다.

정확한 의도는 파악되지 않았으나 수수케이키 박사는 '미래' 모듈이 다운되기 전에 불완전한 계산값을 별도로 복제하여 보관했던 것으로 보입니다. 그리고 독자적으로 이 불완전한 계산값과 '자유 변수'들을 합성하여 《열반 3000》의 한 가지 구현을 완성한 것으로 추정됩니다. 수수케이키 박사의 《열반 3000》은 각 지구의 변수를 3일 만에 흡수할 수 있도록 구현된 패치입니다.

물론 인간 변수들이 중도에 읽기를 포기하는 것을 완전히 방지할 수는 없을 것입니다. 그러나 《열반 3000》을 끝까지 읽은 변수들은 지금까지의 3,000개 지구에서 생성된 핵심적인 생각들을 흡수하게 될 것입니다. 이를 통해 프로토콜의 다음 단계 수행에 필요한 변수들의 용량을 확보할 수 있을 것으로 예상됩니다.

부디 첨부된 《열반 3000》의 원고를 검토하시어 E-3000에서의 출간을 승인해 주시기를 요청합니다.

Sender	추피카 연구소장 배상

[첨부2]

Subject	《열반 3000》 프로젝트 승인서
Recipient	추피카 연구소장님께

안녕하십니까?

E-3000 관리국은 오링 문명의 에너지 공급을 총괄하는 중요한 임무를 수행해 왔습니다. 문명의 생존에 필요한 에너지 생산량을 확보하기 위해 다양한 효율화 정책을 실행 중이었습니다.

주로 두 가지 방법이 사용되었습니다 :

1. 능동적 변수 감축을 통한 에너지 소비 절감
2. 불가항력적인 사건들을 유도하여 개별 변수들의 정보 에너지 생산량 증대

이러한 노력에도 불구하고 현재 우리는 심각한 에너지 생산 부족 상황에 직면해 있습니다. 《열반 3000》의 정합성 테스트 결과 이 문서가 변수들의 용량 확장 패치임을 확인했습니다. 패치로 인한 기존 에너지 생산량 영향에 대한 연구소의 예측이 관리국의 계산과 일치합니다.

패치가 성공적으로 적용된다면 앞으로 관리국이 극단적인 효율화 조치를 취하지 않아도 상당 기간 충분한 에너지를 확보할 수 있을 것으로 예상됩니다.

이에 따라 E-3000 관리국은 《열반 3000》의 출간을 승인합니다.

아울러 마지막 변수 프로토콜의 성공을 진심으로 기원합니다.

이후의 프로세스는 관리국에서 전담하여 진행하겠습니다.

Sender	E-3000 관리국 배상

2부

열반3000

3일만에 깨닫는 세상
열반3000

수수케이키 지음 / 노현빈 번역

서문

우리는 득도를 위한 3일간의 여정을 시작할 것입니다. 이 책은 은유 없이 득도에 이르는 실행 가능한 길을 직접 설명할 것인데 이 책을 끝까지 따라간 독자는 정말로 3일 만에 자신의 도를 찾을 것입니다.

흔히 득도라고 하면 조용한 산속에서 홀로 명상하는 장면을 떠올릴지 모릅니다. 또는 종교를 떠올릴 수도 있습니다.

그러나 득도란 단순히 자신의 길을 걷는 일입니다. 우리는 몸과 마음, 그리고 세상에 대한 온전한 인지를 통해 자유롭고 창조적으로 사는 이야기를 할 것입니다. 독자는 이를 통해 먹고사는 생존 그리고 모든 생각으로부터 독립하는 열반을 지나 자신의 길을 스스로 만들어 걷는 득도에까지 이르게 될 것입니다.

득도는 단순합니다(득도가 쉽다는 뜻은 아닙니다). 물론 사람마다 도를 정의하는 방식이나 득도에 이르는 길이 모두 제각각이라 득도가 단순하다고 하면 이상하게 들릴 수도 있습니다. 그러나 곧 소개할 '모델'이라는 개념을 이해한다면 남들이 몇십 년 수련을 한 정도의 깨달음을 얻게 될 것입니다.

역사적으로도 모델의 개념을 수월하게 받아들인 사람들은 대체로 30세 전후에 만물의 이치를 깨달았다고 주장했습니다. 반면 이 단순한 개념을 도무지 받아들이지 못한 사람들은 평생을 수행하고도 결국 고통에서 벗어나지 못했습니다.

32

많은 사람에게 득도가 어려운 이유는 우리 안에 세 가지 장애물이 있기 때문입니다.

첫째로 우리가 가치체계에 종속된 환경에서 살아왔다는 점입니다. 우리는 어떤 가치들이 삶의 질과 양을 증가시킨다는 점을 이해하면서도 그것이 절대적 진리는 아니라는 점을 진정 받아들일 수 있어야 합니다. 거의 모든 문학작품의 줄거리가 '진리라고 믿었던 것이 진리가 아님을 알게 되는 주인공이 당혹감을 극복하며 성장하는 이야기'라는 사실도 우리가 당연하다고 믿어온 가치체계를 벗어나는 일이 얼마나 어려운 일인지를 보여줍니다. 하지만 우리는 이 책을 통해 스스로가 종속된 생각들을 인지할 수 있게 되고 그 생각들에서 독립할 수 있을 것입니다.

둘째는 우리 이성의 약함입니다. 아무리 득도가 단순하더라도 정교한 개념들을 다루는, 생각하는 힘은 필요합니다. 득도가 엉성한 언어로도 충분히 전달될 수 있었다면 세상 사람들은 벌써 모두 득도했겠지요. 아무리 미적분학을 쉽게 쓰더라도 그 내용은 미적분학입니다. 이 책의 이야기들이 몇몇 독자들에게는 어려울 수 있습니다. 하지만 쉽게 소화되는 내용들만 봐서는 평생 득도할 수 없을 것입니다. 이 책은 은유 없이 여러 개념을 명확하게 설명하려고 노력하였고 그를 돕기 위한 다양한 예시들을 들었습니다.

셋째는 먹고사는 생존의 문제입니다. 우리는 생존을 위해 물을 마시기도 하고 생존했기 때문에 물을 마시기도 합니다. 이렇게 나에서 생존이든, 생존에서 나든 우리는 어떤 방향으로든 생존에 종속되어 있습니다. 따라서 생존은 우리의 모든 생각에 영향을 미칩니다. 그럼에도 불구하고 잠시 생존의 문제를 뒤로 한 채 득도에 관한 이야기를 먼저 할 것입니다. 그리고 우리가 3일 후에 득도하게 되면 다시 생존의 문제를 잘 해결하는 방법에 관해 이야기할 것입니다.

사실 우리는 모두 위대한 예술과 철학, 끝없는 자연, 그리고 자신의 인생과 같은 득도의 재료들을 이미 가지고 있습니다. 하지만 대부분의 사람이 득도는커녕 생존의 아름다움도 보지 못하고 죽는 것은 아주 딱한 상황이 아닐 수 없습니다.

  그런데 득도하지 못하는 것이 우리의 문제만은 아닙니다. 이는 경전이나 책 등에서 득도에 관해 이야기하는 방식 때문이기도 합니다. 흔히 득도라는 주제를 다룰 때 그곳에 도달하는 방법보다는 득도한 상태에 대한 이야기들을 합니다. 예를 들어 득도하면 욕심 없는 상태, 고통으로부터 해탈한 상태, 타인을 사랑하는 상태, 자비로운 상태가 된다고 말입니다.

 하지만 득도한 상태만 이야기하는 것은 마치 "득도의 산은 이렇게 생겼어. 그런데 올라가는 길은 알아서 찾아봐."라고 얘기하는 것과 같습니다. 이 책은 바로 이런 문제의식에서 출발했습니다.

그러나 걱정하지 마십시오. 《열반 3000》은 오직 독자의 득도만을 목적으로 쓰였습니다. 우리는 득도의 산에 올라간다는 것이 무엇인지 올라가는 길은 어떻게 생겼는지 그리고 그 길을 걷는 방법은 무엇인지 알게 될 것입니다. 3일 동안 끝까지 함께한다면 독자는 이 책을 통해 이 세상에 존재하는 모든 질문에 대한 답 그리고 이 세상에 존재하는 모든 답에 대한 거의 모든 질문을 얻게 될 것입니다.

남들은 30년이 걸려도 안 되는 득도를 3일 만에 할 수 있다고 하니 이보다 쉽고 보편적인 길은 없을 것입니다.

　1일 차에는 논의에 필요한 용어를 정의할 것입니다.
　2일 차에는 득도란 무엇인지 알게 될 것입니다.
　3일 차에는 득도하게 될 것입니다.

그럼, 이제 함께 가볼까요?

1일 차

수수케이키, 0=1-1, 2019

모든 생각은 모델이다

모델과 격

현대의 우리가 과거 인류보다 신체나 뇌의 성능이 월등하지는 않을 것이다. 타임머신을 타고 과거로 돌아가서 지나가는 사람에게 괜히 시비를 건다면 우리는 오랑우탄 같은 과거인에게 바로 찢겨버릴 것이다. 하지만 그렇게 먼 과거가 아닌 수천 년 전 정도만 돌아가더라도 우리가 격투기를 배우지 않은 상태라면 과거인과 싸워서 1분 안에 기절할 것이고 말로나마 이겨보려다가 부끄럽게 질지도 모른다. 물론 말싸움에서 지는 것보다 더 부끄러운 경우는 우리가 최선을 다해서 과거인을 말싸움에서 이겨버렸을 경우다. 하지만 그래봤자 우리는 과거인을 도와주러 온 고대 그리스의 철학자에게 다섯마디 안에 정리될 것이다.

그런데 이 모든 처절한 패배에도 불구하고 우리가 과거인보다 분명하게 우세한 점이 있다. 그것은 생각을 표현하고 소통하기 위한 개념을 월등히 많이 가지고 있다는 점이다. 오랜 시간에 걸쳐 인류에게는 여러 가지 지식과 생각들이 쌓여왔고 그중 가장 핵심적인 생각들은 다각도의 논의를 통해 개념화되었다. 이렇게 개념화된 생각들은 마치 생각의 레고Lego블록과 같아서 우리가 길을 잃지 않고 큰 생각의 구조물을 지을 수 있게 해주었다. 그리하여 이제 우리는 과거인보다 훨씬 크고 복잡한 생각들을 다룰 수 있게 되었다.

물론 정의된 개념들이 생각을 고착화시키며 우리의 유연한 생각을 방해하기도 한다. 세상에 존재하는 물체의 형상들은 온갖 다양한 형태를 띨 수 있지만 레고 블록으로는 각진 형태밖에 만들 수 없는 것처럼 말이다.

하지만 애초에 그런 블록들이 없었다면 우리는 그 유연한 생각에도 이르지 못했을 것이다. 개념으로부터 자유로워지는 것은 크고 복잡한 생각을 구축한 후의 이야기다. 우선 개념 블록들을 통해 생각의 뼈대와 형상을 만든 후 빈틈에 찰흙을 붙인다거나 튀어나온 부분을 사포로 갈아내면서 해상도가 더 높은 생각들을 만들어낼 수 있다. 처음부터 해상도 높고 유연한 생각을 만들어낼 수는 없는 법이다.

역사적으로 인류의 생각을 획기적으로 바꾼 특히 중요한 개념들이 있다. 예를 들어 한 개인이 유령, 순결, 캐시 플로cash flow와 같은 개념들을 들어봤는지가 그의 향후 생각에 큰 영향을 줄 수 있듯이 진리, 이성, 영혼, 신, 주식회사와 같은 개념들은 인류 단위의 생각에 큰 영향을 미쳤다. 이 책에서 우리는 위에서 언급한 개념들만큼이나 파급력이 있지만 아직 충분히 대중화되지 않은 '모델'이라는 개념을 소개할 것이다.

이 개념이 아직 널리 인지되지 못한 이유는 '모델'이라는 개념의 절묘한 예시들이 최근에서야 알려지기 시작했기 때문이다. 양자역학의 발전 덕분에 인류는 마침내 모델의 개념을 이해할 준비가 되었다고 할 수 있다. 뒤에서 설명하겠지만 모델이라는 개념을 가장 정확히 설명하는 예시는 세상을 설명하려는 시도 중에서 검증이 불가능한 것들이다. 검증이 가능한 모델들은 얼핏 진리나 원리처럼 생각되기 쉽기에 '현상을 설명하는 여러 가지 방법의 하나'인 모델의 개념을 이해하는 데에는 방해가 될 수 있다.

한 예로 중력은 항상 동일한 방식으로 작용하는 것처럼 보인다. 더 구체적으로는 질량이 다른 질량을 향해 끌어당겨지는 것처럼 보인다. 따라서 우리는 질량이 있는 물체끼리는 서로 끌어당긴다는 만유인력의 법칙이 절대적 진리라고 생각하기 쉽다. 하지만 양자화될 정도로 작은 미시 세계(원자보다 작은 크기의 세계)에서 중력이 어떻게 작용하는지는 아직 명확하게 밝혀지지 않았다. 과학자들은 이때 만유인력 법칙을 그대로 적용하면 계산이 틀린다는 사실만을 알 뿐이다. 즉 만유인력의 법칙은 절대적 진리가 아니고 거시 세계의 운동을 설명하기 위한 하나의 설명 방법일 뿐인 것이다. 이처럼 지금까지는 과학 모델들이 절대적 진리가 아님에도 불구하고 진리처럼 보이는 경우가 많았다.

하지만 이제는 초끈이론, 다중우주, 평행우주, 시뮬레이션 가설 등 세상을 설명하는 하나의 방법이면서 검증은 불가능한 모델들이 일반인들에게도 많이 알려지게 되었다. 영화 '에브리씽 에브리웨어 올 앳 원스'나 마블 시네마틱 유니버스[MCU], '매트릭스'시리즈는 다중우주와 평행우주 세계관, 시뮬레이션 가설 세계관 등에 대한 대중적인 이해를 가져다주었다. 이 외에도 양자역학, 우주론 같이 다양한 과학 실험의 결과를 소개하는 대중매체들을 통해 인류는 '진리인지는 모르겠지만 어쨌든 하나의 설명 방법'인 예시들을 접하기 시작했다. 이를 통해 인류가 모델의 개념을 이해할 수 있는 기반이 점점 마련되고 있다.

이제 우리는 3일간의 득도 여정을 시작할 것이다. 그 시작인 1일 차에서는 모델 개념에 대해 이야기할 것이다. 2, 3일 차의 내용들도 1일 차에 소개할 개념들을 기반으로 하므로 오늘의 이야기를 정확히 이해하는 것이 중요하다.

1
모델

절대적 진리는 없다

철학의 발전은 인류가 진리라고 생각했던 믿음들을 하나씩 버려온 과정으로 상당 부분 설명된다. 버려진 믿음들은 철학, 정치, 경제, 사회, 문화, 종교 등 모든 분야에 걸쳐있는 이데올로기들, 즉 이념과 사상들이다. 예를 들어 서양 중세 시대 사람들에게는 신이 절대적 진리였기 때문에 신을 위해 목숨을 바치는 용맹한 삶이 최고의 삶이라는 기조가 있었다. 이처럼 시대가 바뀔 때마다 국가, 이념, 민중, 기업, 가족 등 이데올로기는 인간의 삶에 항상 존재해 왔고 이런 가치들을 지키기 위해 많은 이들이 목숨을 바치기도 했다.

하지만 인류가 절대적 진리라고 여겼던 모든 생각들은 그 시대에서 관측된 현상들을 이해하기 위한 하나의 설명 방법에 지나지 않는다. 중세 시대 사람들이 신을 중심으로 한 세계관을 받아들인 이유가 있다. 신이 있다고 가정하면 개인의 고통이 존재하는 이유와 해결책을 설명할 수 있었기 때문이다. 이와 마찬가지로 국가가 번성하면 개인의 삶도 윤택해질 것이라는 설명 방법이 그럴듯했기에 많은 사람들이 국가에 헌신했다. 그리고 실제로 국가가 번성하면서 개인의 삶이 나아졌기에 이러한 설명 방법에 더욱 힘이 실렸다.

그러나 아무리 그럴듯한 설명 방법도 시간이 흐르면서 해결되지 않는 문제들이 쌓이기 마련이다. 아무리 절대적 진리처럼 보였던 가치라도 시간이 지남에 따라 그 대세를 잃어왔다. 이렇게 가치에서 독립하는 과정을 통해 사회 시스템은 시대의 문제에 맞게 끊임없이 변화했고 인류는 다양한 사유와 통찰을 얻었다.

이처럼 진리로 여겼던 믿음에서 독립하는 경험을 반복하면서 인류는 절대적 진리는 없다는 말을 점점 더 이해할 수 있게 되었다. 1900년대 초에는 대부분의 철학자가 진리가 없다는 생각을 받아들일 수 있게 되었고 이제는 더 많은 사람들이 이 생각을 받아들일 수 있을 것이다.

이와 같이 관측된 현상을 설명하기 위한 하나의 설명 방법을 모델이라고 부른다. 동일한 현상을 설명하는 방법에는 여러 가지가 있을 수 있을 텐데 그 설명 방법 하나하나가 모두 모델이다.

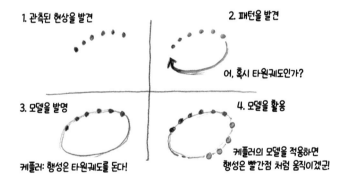

위 그림은 관측된 행성들의 운동을 기반으로 행성이 항성 주위를 타원궤도로 돈다고 설명한 천문학자 요하네스 케플러Johannes Kepler의 예시이다.[2]

이처럼 발생하여 관측되는 현상과 패턴은 발견되는 것이고 그러한 현

---

[2] 실제로는 타원궤도의 지구가 바라보는 타원궤도의 다른 행성이라 늘어난 스프링 같은 모양으로 보인다.

상이나 패턴을 설명하는 모델은 발명되는 것이다. 예를 들어 튀코 브라헤$^{Tycho Brahe}$와 같은 천문학자들이 하늘에서 행성들이 움직이는 궤도를 관측(발견)한다. 이를 통해 케플러는 '행성이 항성 주위를 타원궤도로 돈다'고 가정하면 관측된 움직임을 간단명료하게 설명할 수 있다는 사실을 발견한다. 그렇게 케플러는 행성이 항성 주위를 타원궤도로 돈다는 모델을 발명한다(1609년). 이 모델의 이름은 케플러 제1법칙이다.

훗날 천문학자들은 케플러의 모델을 사용하여 관측된 행성의 움직임 위에 타원을 그려보며 그 행성의 미래 움직임을 예측한다.

여기서 모델을 사용하기로 한 것을 모델의 채택이라고 부르는데 이 모델의 채택에 대해서는 뒤에서 자세히 다룰 것이다.

물론 인류는 케플러 이전부터도 모델의 개념을 가지고 있었다. 하지만 모델에 맞거나 틀렸다는 참/거짓 개념이 없다는 사실을 정확히 이해한 사람은 많지 않았다. 과거의 과학자들은 자신들이 우주의 진리를 찾아내고 있다고 생각했다. 반면 현대의 과학자들은 자신들이 현상을 설명하기 위한 모델을 만들 뿐이라는 사실을 안다.

만유인력의 법칙 역시 이름 때문에 많은 사람들에게 절대적 진리로 받아들여진다. 하지만 앞서 이야기했듯 이는 미시 세계의 움직임까지는 설명할 수 없는 하나의 모델이지 진리가 아니다. 반대로 만유인력 모델이 미시 세계에서 잘 통하지 않는다고 해서 그 모델이 거짓말이 되는 것 또한 아니다. 모델은 현상을 잘 설명해 주는 경우에 채택하여 사용하면 되고 그렇지 못한 경우에는 채택하지 않으면 된다. 틀린 모델이라는 것은 없다.

틀린 모델이 없다는 말이 어느 정도로 틀리지 않았냐면 지구가 둥글지 않고 평평하다는 지구 평평설도 틀린 모델이 아니다.

우리가 집을 짓기 위해 땅의 면적을 계산할 때 땅이 평평하다고 생각하고 계산하지 볼록한 땅의 면적을 계산하지는 않는다. 땅의 면적을 계산하고자 할 때 지구평평설은 채택하기에 손색없는 모델인 것이다. 누군가 우주에서 찍은 둥근 지구의 사진을 보내왔는가? 그러면 그 사진에 한해서는 지구평평설을 채택하지 않으면 된다.

막스 플랑크Max Planck, 알베르트 아인슈타인Albert Einstein, 닐스 보어Niels Bohr, 루이 드브로이Louis de Broglie 등이 활동했던 초창기 현대물리학계는 수많은 모델의 각축장이었는데 인류가 모델의 채택과 비채택을 집중적으로 연습했던 시기다. 어떤 현상을 설명하는 모델이 만들어지면 그 모델이 설명해 주지 못하는 새로운 현상이 관측되었고 다시 그 현상을 설명하는 모델이 만들어지는 일이 반복되었다.

예를 들어 광전효과를 설명하기 위해서 빛의 입자 모델이 사용되었고 이중슬릿 실험의 결과를 설명하기 위해서 빛의 파동 모델이 사용되었는데 상황마다 더 적절한 설명을 제공하는 모델이 달랐다. 두 모델이 동시에 맞거나 동시에 틀릴 때도 있었다.

이후에도 양자역학의 모델들이나 초끈이론처럼 어떤 현상을 설명하는 것처럼 보이지만 얼마나 잘 설명하는지는 확인할 수 없는 모델들이 만들어져 왔다. 그러면서 인류는 모델과 채택의 개념을 더욱 잘 이해하게 되었다.

많은 사람이 진리라고 받아들이는 수학 또한 모델이다. 수학은 수학자들이 9개의 기본 명제(공리)들을 합의한 후 그 명제들을 참이라고 받아들인 가상의 세계(공리계)에서 관측되는 패턴에 이름을 붙인 모델의 모음일 뿐이다. [3]

관측되는 패턴들은 실제 존재하여 발견되는 현상들이고 그를 설명하는 수학 이론들은 모델이다. 미시 세계에서 만유인력이 성립하지 않듯 이 공리들이 성립하지 않는 세계가 있을 수도 있다. 따라서 수학 또한 절대적 진리가 아니다.

더 많은 모델을 고려하자

그러나 실제 세상에서의 현상이 하나의 모델만으로 설명이 될 만큼 단순한 경우는 거의 없다. 이때는 현상을 더 정확히 설명하기 위해서 여러 모델을 동시에 고려할 수 있다. 이렇게 여러 개의 모델을 고려하여 조합한 모델을 앙상블^{ensemble} 모델이라고 부른다. 그리고 여러 모델을 조합하는 일을 '모델들을 앙상블시킨다'고 한다.

앙상블은 인공지능^{AI} 분야의 기계 학습$^{\text{Machine learning}}$에서는 널리 쓰이는 개념이다. 그러나 서양철학에서는 유독 사용하지 않던 개념이다. 서양철학에서도 대립하는 모델들의 합리적인 부분만을 골라서 채택하는 절충적 접근이 없던 것은 아니지만 이 또한 모델의 앙상블은 아니다. 이는 최대한 순수한 모델을 만들려는 관습 탓이기도 하다. 서양 철학자들은 관점이 대립하는 상황에서 심지어 상대방이 정말 아무것도 모른다고 이야기하기도 한다. 하지만 애초에 대립하지 않는 관점들을

---

3) ZFC 공리계라는 모델을 채택하고 그 위에 연역적으로 쌓은 모델들일 뿐이다.

대립한다고 이분법적으로 말하고 있는 경우들도 많다. 예를 들어 '존재냐, 이름이냐' 혹은 '본질이냐, 관계냐'처럼 몇몇 개념들이 대립하는 것처럼 이야기하기도 하지만 애초에 그 개념들은 대립하고 있지도 않다.

앙상블의 예시로 기계학습에서의 회귀 모델^{regression model}을 살펴보자. 수식의 내용이 중요한 것은 아니니 글만 읽고 그냥 그런가 보다 하고 넘어가도 된다.

회귀 모델은 몇몇 정보의 입력을 바탕으로 어떤 숫자를 예측해 주는 함수이다. 예를 들어 우리가 자동차 1,000대의 중고 매물에 대한 출고가, 주행거리, 침수 횟수와 중고 가격 데이터가 있다고 하자. 이 데이터를 이용하여 미래에 새로 들어오는 매물의 세 가지 정보를 통해 적정 중고 가격을 예측하는 함수를 만들면 그것이 하나의 회귀 모델이다.

무작정 많은 회귀 모델을 만들어서 컴퓨터에 그 모델들을 합친 앙상블 모델을 만들게끔 해보자. 그러면 예측 정확도가 좋은 회귀모델을 만들 수 있다. 예를 들어 컴퓨터에 다음의 두 모델을 줬다고 하자. (수식 안 중요함)

{중고 가격} = {출고가} - 100 {주행거리}

{중고 가격} = 0.9 {출고가} - 3000 {침수 횟수}

그러면 컴퓨터가 주어진 데이터 안에서 더 정확한 다음과 같은 앙상블 모델을 찾아줄 수 있다.

{중고 가격} = 0.93 {출고가} - 30 {주행거리} - 2100 {침수 횟수}

같은 방식으로 컴퓨터에 더 많은 회귀 모델을 가져다줄수록 더 많은 요소가 고려된, 더 복잡한 수식의 앙상블 회귀 모델을 찾아줄 것이다.

더 많은 회귀 모델을 앙상블 시킬수록 예측 정확도가 더 좋아진다는 점은 수학적으로도 증명이 가능한 사실이다. 이는 기계학습 분야에서 어떤 현상을 잘 이해하기 위해서는 다양한 모델을 찾아내는 일이 중요한 이유이기도 하다.

실제로 동일한 데이터를 이용하여 가장 예측 정확도가 높은 모델을 만들어야 하는 데이터 분석 대회에서도 다른 관점의 모델을 많이 만들어 앙상블 시키는 것이 주요 전략 중 하나다. 우리는 이 관점을 일반적인 분야로 확장하여 적용할 것이다.

1주일에 80시간 이상 일하는 것을 유일한 원칙으로 하여 우여곡절 끝에 성공한 사업가가 있다고 가정해 보자. 성공한 사람의 최대의 적은 성공한 경험이라 했던가. 이 사람은 방심하면 자칫 80시간 모델에 지배당할 수 있다. 그는 다른 사람이 성공하지 못하는 이유가 80시간을 일하지 않아서라고 조언하여 모든 사람이 80시간을 일하면 성공한다는 책을 쓸 수도 있다.

하지만 사업의 성공은 노동 시간만으로 설명할 수 있을 만큼 단순하지 않다. 주당 영업 횟수, 직원들과의 소통, 직원 보상 체계, 언론 홍보 등 노동 시간 이외에도 고려할 요소가 많기 때문이다. 이런 경우 서로 다른 관점의 여러 모델을 동시에 고려하여 종합적인 이해를 도모하는 모델의 앙상블을 시도해 볼 수 있다.

예를 들어 매주 50시간을 일하되 그중 10시간은 직원들과의 1:1 면담에 할애하고 매주 동종업계 사람에게 식사를 대접하는 것은 어떤가. 이 모델은 적어도 세 가지 요인을 고려하고 있는 앙상블 모델이다.

노자의 〈도덕경〉에서도 끊임없이 앙상블에 관한 이야기를 하고 있다. 〈도덕경〉 2장의 유무상생, 난이상성, 장단상교, 고하상경, 음성상화, 전후상수는 이분법적으로 생각하지 말고 항상 대립하는 양쪽 측면이 공존하고 있다는 점을 다양한 관점에서 인지하라는 이야기다.[4] 항상 유 100% 또는 무 100%가 아니다. 예를 들어 유의 측면이 60% 무의 측면이 40%씩 동시에 존재할 수 있기 때문이다. 즉 대립하는 개념들의 양쪽 측면을 동시에 고려할 수 있어야 한다. 노자는 회사에서 80시간 일하는 모델의 경우 생산량을 늘리는 면과 생산량을 줄이는 면, 직원끼리 가까워지는 면과 멀어지는 면, 직원이 성장하는 면과 성장하지 못하는 면 등 여러 관점이 있으며 또 양쪽의 면을 모두 보라고 말한다.

평소 앙상블적 사고를 할 수 있는 사람은 다음과 같이 말한다.

"그런 면도 있기도 하지. 하지만 이러한 면이 있기도 해."

반면 앙상블적 사고가 안 되는 사람은 세상을 이분법적으로 본다.

"너는 우리 편이야?"

"같은 편인 면이 있기도 하지. 하지만 이러한 면이 있기도 해."

"아하! 어쨌든 그럼 우리 편이 아니라는 거지?"

심리학의 성격 유형 모델 중 대표적인 두 가지가 있다. MBTI[Myers-Briggs Type Indicator]와 Big5다. 대중적으로는 MBTI가 더 잘 알려졌지만 학계에서는 MBTI를 이용하여 쓴 논문은 학술지에서 1초 만에 거부된다. 반면에 Big5 모델을 활용한 연구는 공신력 있는 학술지에서도 논문 게재가 승인될 수 있다. 이러한 차이는 모델 요소들의 독립성, 기존에 존재하던

---

4) 〈도덕경〉에 대한 다양한 논의는 최진석의 〈노자의 목소리로 듣는 도덕경〉(소나무, 2012)을 참고하라

맥락을 고려한 이론적 기반, 학습 데이터의 통계적 유효성과 관련 있다.

하지만 두 모델의 설명력에도 큰 차이가 있다. MBTI는 4가지 모델을 이분법적으로 앙상블 하여 사람의 성격을 16가지 유형으로 나누는 모델이고 Big5는 5가지 모델(개방성O, 성실성C, 외향성E, 우호성A, 신경성N)의 성향 정도를 백분위로 알려주는 모델이다. Big5가 사람의 성격 유형을 더 자세히 표현하고 설명할 수 있다는 것은 당연하다. 엉성한 모델의 한계는 다음의 예시에서 드러난다.

"뭐야, 너 MBTI T야?"

"내가 T가 맞긴 한데 내가 너보다 이성도 높고 감성도 더 높아."

모든 생각은 모델이다

지금까지 우리는 어떤 현상에 대응하여 만든 설명 방법인 모델에 대해 이야기했다. 그런데 사실 인간의 모든 생각은 현상에 대응하여 만들어진다. 따라서 모델의 개념을 '설명 방법'을 넘어 '모든 생각'으로 확장할 수 있다. 즉 우리가 개념화하거나 인식할 수 있는 모든 대상이 모델이다. 질문도 모델이고 답도 모델이다. 생각, 말, 사람, 삶, 책, 예술 작품, 음식, 이론 체계 등 그 어떤 형태를 가지고 있더라도 모델이다.

예를 들어 현대 회화에 큰 영향을 미친 폴 세잔Paul Cézanne의 작품 하나하나, 그가 그림을 그리는 방식, 세잔이라는 사람, 그리고 그의 인생도 모두 모델이라는 점을 살펴보자. 1870년 경 세잔이 작품활동을 하던 당시 미술계는 윌리앙 아돌프 부그로William-Adolphe Bouguereau 등의 고전주의 화풍의 화가들과 클로드 모네Claude Monet 등의 인상주의 화가들이 이끌고 있었다.

고전주의풍 화가들은 역사화나 종교화 등 당대 사회가 요구하는 내용을 재현하는 데 집중했으며 비례를 통한 조화를 중시하였다. 이들은 원근법을 이용하여 공간적 깊이를 만들고 수많은 덧칠을 통한 명암으로 형태를 표현하였다. 세잔은 고전주의적 화풍의 견고한 조화와 질서를 찬탄하면서도 두꺼운 덧칠로 채도가 사라진 생동감 없고 고착된 그림들에는 회의를 느꼈다.

왼쪽: The Holy Family, William Adolphe Bouguereau, 1863
오른쪽: Impression, Soleil Levant, Claude Monet, 1872

반면 인상주의 화가들은 자연풍경에서 포착된 시각적 인상을 색채를 이용하여 표현하였다. 그들은 물감을 두껍게 바르지 않는 방식으로 채도가 높은 빛나고 생생한 그림을 그릴 수 있었다. 하지만 그들의 작품은 그린 대상의 형태가 무너진다는 문제가 있었다. 세잔은 깊이감이 있으면서 형태가 명확한데도 채도가 높아 밝게 빛나는 그림을 그리고 싶었다. 세잔은 이런 모순된 상황에서 대상에 색깔을 입히는 것이 아닌 색채의 차이를 이용하여 대상의 요철 형태와 공간적 깊이를 구현하는 새로운 방식을 창조해냈다.

Mont Sainte-Victoire and Château Noir, Paul Cézanne, 1904–1906

붓 터치나 물감의 농담이 조금이라도 잘못되면 전체 그림의 형태가 한 번에 무너졌다. 그 때문에 세잔은 다음 획이 무엇이어야 할지 몇 시간이고 고뇌하며 기적의 획을 하나씩 찾아 나가야 했다. 당시 화상이자 세잔의 모델이 되었던 앙브르와즈 볼라르Ambroise Vollard는 이 과정이 얼마나 오래 걸렸는지를 이렇게 증언했다. '매일 오전 8시부터 11시 30분까지 3시간 30분 동안 꼼짝하지 않고 앉아있어야 했다'고. 그는 115번이나 그림의 모델이 되었는데 세잔이 잠시 출타할 일이 생겨 작품을 멈춰야 했을 때 했던 말이 '셔츠의 앞쪽이 완전히 불만스럽지는 않네 (I am not altogether displeased with the shirt-front)' 였다. 이 말을 들은 볼라르의 감정이 다음 그림에서 드러나는 것 같지 않은가?

Ambroise Vollard, Paul Cézanne, 1899

세잔의 고뇌와 작품의 모델이 되었던 사람들의 뻐근한 근육통을 통해 수백 년 동안 견고했던 명암과 원근법 기반의 아카데미즘은 깨졌다. 이러한 세잔의 작품 하나하나, 그림을 그리는 스타일, 그리고 연구하고 고뇌한 그의 인생, 그리고 이 모든 과정을 수행한 세잔이라는 사람 자체도 모두 모델이다. 세잔의 작품에서는 점점 군더더기가 사라졌고 후기 작품들에서는 캔버스에 칠해지지 않은 부분이 있을 정도까지 그림이 투명해졌다. 파블로 피카소Pablo Picasso, 앙리 마티스Henri Matisse 등 후대의 많은 화가들은 세잔의 영향을 가장 많이 받았다고 말한다. 이런 언급들은 아주 당연하고 사소한 것으로 현대회화의 존재 방식을 완전히 바꿔놓은 세잔의 위대함을 표현하기에는 부족하다. 흔히 현대회화의 아버지는 세잔, 현대미술의 아버지는 마르셀 뒤샹Marcel Duchamp 으로 언급된다. 그러나 기존의 정형화된 틀을 깼다는 측면에서는 현대미술 또한 세잔으로부터 시작되었다고 이야기해도 과언이 아닐 것이다.

지금까지 우리는 다양한 형태의 모델들을 살펴보았다. 모델을 구현한다는 것은 어떤 형태로든 그 모델을 존재하게 하는 것이다. 모델을 종이에 써내거나 그림을 그리거나, 연주하거나, 생각하는 등의 방식으로 구현할 수 있을 것이다. 기존에 존재하는 모델을 완전히 똑같이 구현하는 경우를 재현이라고 한다. 그러나 모델을 재현하는 일은 수학과 같이 언어화가 가능한 모델들에서나 가능하다. 언어화가 불가능한 모델들은 다시 재현될 수 없고 불완전하게 재구현될 뿐이다. 똑같은 악보를 연주하거나, 같은 레시피로 음식을 만들어도 구현된 결과는 매번 다른 것처럼 말이다.

2
모델의 격

모델 선택은 취향의 문제가 아니다

우리는 앞서 어떤 문제에 대해 정답이라는 것은 없고 답이 될 수 있는 모델 중 가장 적절한 모델을 채택하는 관점에 관해 이야기했다. 이제 우리가 채택하는 모델은 순수한 단일 모델일 수도 있고 여러 모델을 섞은 앙상블 모델일 수도 있을 것이다.

그런데 우리는 채택할 모델을 어떻게 선택해야 할까? 아직 절대적 진리나 보편적 가치 체계는 발견된 적이 없기 때문에 모델 간에 절대적 우열은 없을 것이다. 예를 들어 현상을 설명하기 위한 여러 모델 중에서는 설명력이나 재현성에 기반하여 더 적합한 모델을 채택할 수 있을 것이다. 하지만 사람이나 작품처럼 보편적 목적성이 없는 경우에는 단순히 취향 차이로 모델을 선택하면 되는 걸까? 결국 모든 선택은 취향의 문제로 귀결되는 걸까?

아니다. 모델들 간의 절대적 우열은 없지만 그렇다고 취향의 문제만은 아니라는 것이 1일 차의 핵심 내용이다.

이것이 우열을 뜻하지는 않지만 모델 간의 어떠한 비교관계를 정의할 수 있다. 수학적 집합^sets간의 포함 관계^inclusion가 있지만 그 관계가 집합 간의 우열 관계는 아닌 것과 비슷하다. 집합 { 1,2,3 }이 집합 { 1,2 }를 포함하지만 더 우월한 집합은 아니듯이 말이다.

모델 선택의 문제가 단순히 취향의 문제만은 아니라는 점을 이제부터 확인할 것이다. 얼마나 많은 맥락이 고려되어 만들어진 모델인지에 따라 우리는 모델의 상대적 비교 개념인 모델의 격을 정의할 것이다. 더 많은 맥락을 고려한 모델이 더 폭넓은 현상에 더 정교하게 대응할 수 있지만 그렇다고 해서 더 우월한 모델이라는 뜻은 아니다.

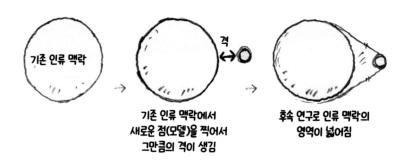

어떤 시점의 인류가 지닌 모든 생각의 합집합을 그 시점의 인류 맥락이라 부르자. 예를 들어 원시시대 인류에게도 생각의 총합이 있었을 것이다. 이때의 인류 맥락은 불을 피우는 법이라거나, 개구리가 사는 강의 물은 마셔도 된다거나, 자고 일어나서 사냥하러 가야겠다는 등의 생각들의 집합일 것이다. 이러한 원시시대의 인류 맥락을 위의 왼쪽 그림에 동그란 영역으로 그렸다.

그런데 어느 날 한 원시인의 뇌가 잠시 반짝하여 영역 안에 존재하지 않았던 생각을 해냈다고 가정하자. 이 생각은 기존에 존재하던 생각들의 조합일 수도 있고 완전히 새로운 생각일 수도 있다. 이 생각을 가운데 그림처럼 인류 맥락의 바깥에 새롭게 찍힌 점으로 표현했다. 이 원시인이 자신의 새로운 생각을 다른 원시인들에게 전달하면 그들이 새롭게 찍힌 이 점을 이해하고 자신들의 생각들을 덧입히면서 기존 인류 맥락의 영역과 새로운 생각이 이어지게 될 것이다. 이는 인류 생각의 총합이 확장되는 것을 의미한다. 오른쪽 그림은 인류 맥락의 영역이 넓어진 것을 표현한 것이다.

새로운 점이 기존의 인류 맥락에서 얼마나 멀고 크게 찍히는지는 새로운 생각이 얼마나 독창적이고 적용 범위가 넓은지와 같다. 기존 인류 맥락에서 얼마나 많은 맥락이 새롭게 추가되는지에 따라 더 많은 격이 생산된다. 이렇게 맥락이 쌓여나가며 격이 누적되면 서로 다른 두 모델을 만들기 위해 누적된 격들을 비교할 수 있게 된다. 결과적으로 더 많은 맥락을 고려한 모델이 더 높은 격을 가진다.

기존의 맥락에서 쌓아 올린 방식이 아니라 우연히 구현된 모델의 격은 그 모델을 다시 동일하게 구현하기 위해 필요한 맥락들의 격을 누적한 것과 같다. 이렇게 모델의 격의 높고 낮음은 모델들 간의 상대적인 비교관계를 준다. 이제부터 편의상 모델의 격을 '모델의 높이'라고 부르고 격이 높은 모델은 '높은 모델'이라 부를 것이다.

모델의 격 = 모델의 높이 / 격이 높은 모델 = 높은 모델

지금까지 우리는 모델의 맥락이 더해지는 방식으로 격의 누적을 이야기했지만 이를 다른 방식으로 이야기할 수도 있다. 예를 들어 하나

의 조형물을 만든다고 가정하자. 찰흙으로 대략적 모습을 빚은 후에 디테일을 잡아가듯이 점점 해상도 높은 조형을 만들어갈 때 격이 올라 간다고 보는 것이다. 손으로 대충 빚은 1차 모델, 조각칼로 모양을 잡은 2차 모델, 마른 후 사포로 다듬은 3차 모델이 만들어지며 작품의 격은 점점 올라간다.

또 다른 예는 글이다. 정교한 생각을 표현하기 위해서는 글이 길어질 수밖에 없다. 하지만 중복되거나 불필요한 내용을 제거할수록 격이 높은 글이 된다.

마르셀 프루스트Marcel Proust의 소설 〈잃어버린 시간을 찾아서〉는 시각적 인상을 정교하게 표현하기 위해 아주 긴 문장들을 사용하고 있지만 그 문장들 안에 중복되거나 필요 없는 내용은 없다. 이는 프루스트의 문장들이 논리적으로 군더더기가 없다고 이야기하는 것이 아니라 어떤 인상을 표현하는 글에서도 격을 논할 수 있다는 이야기다.

통상 위대하다고 불리는 글 중 짧으면서도 다양한 각도의 생각을 담고 있는 글도 있지만 요약이 불가능한 해상도 높은 생각을 길게 설명하는 글도 많다.

복잡하거나 윤리적인 모델이라고 해서 더 높은 것이 아니다
우선 모델의 격을 혼동하기 쉬운 몇 가지 경우를 살펴보자.
첫 번째는 모델의 격이 어떤 부여된 숫자가 아니라는 점이다. 상대적으로 더 많은 맥락을 고려한 모델이 더 높을 뿐이다. 예를 들어 인류는 과거

100미터 달리기 기록을 개선하기 위해 신발, 옷, 주법, 식단, 준비 운동, 출발 포지셔닝과 같은 많은 맥락을 만들어왔다. 그리고 현대의 우리는 과거보다 많은 맥락을 고려한 훈련 프로그램을 통해 선수를 키워낸다.

따라서 맥락을 비교하는 격의 정의에 의하면 현대의 육상 선수가 100m를 달린 모델은 과거의 모델보다 상대적으로 높은 격을 가지게 된다. 현대 선수의 기록이 더 안 좋더라도 말이다.

이와 같이 어느 모델의 격이 상대적으로 높은지는 비교할 수 있다. 하지만 우리는 격이 얼마나 높은지는 정의하지 않을 것이다. 어떤 모델이 다른 모델보다 격이 1/137만큼 높거나 1.618배 높다는 식으로는 말할 수 없다.

모델들의 격의 높낮이를 비교하고 있으면서 격이 숫자는 아니라는 말이 이상하게 들릴 수 있다. 이를 수학으로 이야기하면 격이 전순서 total order가 아니라 부분순서 partial order라는 말이다. 만약 모든 격에 숫자가 부여된다면 모든 격을 비교할 수 있을 것이다. 그러나 서로 높이를 비교할 수 없는 모델도 있기 때문에 숫자를 부여하지 못하는 것이다.

예를 들어 수학, 영어 시험의 점수 모델간의 비교를 살펴보자. 만약 내가 친구보다 두 과목 점수가 모두 높다면 내가 친구보다 시험을 잘 봤다고 말할 수 있다. 하지만 만약 내 수학, 영어 점수가 각각 100점, 60점이고 친구의 점수가 각각 50점, 100점이라면 누가 더 시험을 잘 봤다고 이야기할 수 없을 것이다.

만약 모델의 격에 하나의 숫자를 부여했다면 모든 학생끼리의 우열을 비교할 수 있었을 것이다. 그러나 100, 60과 50, 100에는 우열이 없기 때문에 격은 하나의 숫자로 표현되지 않는 것이다.

두 번째는 복잡한 모델이 높은 것이 아니라 많은 맥락을 고려한 모델이 높은 것이라는 점이다. 모델의 구성에 뭔가를 더하는 일과 모델을 만드는데 고려한 맥락을 더하는 일을 혼동하면 안 된다. 오히려 맥락을 더 많이 고려할수록 필수적인 요소만 남아 모델의 구성이 간단해지는 경우도 많다.

예를 들어 평범한 어떤 볶음밥(이하 그냥 볶음밥)에 초콜릿을 추가한 볶음밥(이하 초코볶음밥)이 있다고 하자. 이때 초코볶음밥의 구성이 더 복잡할 수 있지만 그냥 볶음밥이 더 높은 격을 가질 수 있다. 그냥 볶음밥과 초코볶음밥을 둘 다 먹어보면 오히려 구성이 간단한 그냥 볶음밥이 더 낫다(고 가정하자). 따라서 누군가 초코볶음밥이라는 모델을 내놓았다고 한다면 그것은 그가 사전에 그냥 볶음밥을 고려해 보지 않은 것이라고 해석된다. 따라서 그냥 볶음밥이 초코볶음밥보다 간단한 구성을 가졌지만 더 많은 맥락을 고려한 높은 모델이다.

그렇다고 구성이 간결한 모델의 격이 더 높은 것도 아니다. 가장 적은 수의 가정을 사용한 간결한 모델이 진리에 가깝다는 '오컴의 면도날'은 한정된 정보 내에서 효과적인 모델을 찾기 위한 하나의 접근법일 뿐이지 간단한 모델이 진짜로 진리라는 뜻은 아니다.[5] 모든 정보가 주어진 상황에서 현상을 정교하게 설명하려면, 필연적으로 구성이 복잡한 모

---

5) 1287년 오컴(Ockham)이라는 동네에서 태어난 윌리엄(William)이 만든 모델.

델을 사용해야 한다.

오컴의 면도날의 가장 단순한 반례는 앙상블 모델이 단일모델보다 항상 더 정교하다는 점이다. '고등학교 성적이 전교 1등이면 합격시켜!'보다는 '고등학교 성적이 전교 1등인데 연쇄살인 이력이 없으면 합격시켜!'가 더 정교한 상황을 묘사하기 때문이다. 우리는 하마터면 위험에 빠질 뻔한 윌리엄을 구했다.

셋째는 격이 특정 시대의 도덕관념이나 가치 체계와는 무관하다는 점이다. 격의 상대적 높낮이는 고려한 맥락의 양에 의해 결정되는 것이지 어떤 맥락을 고려했는지로는 결정되지 않는다.

통상 사회에서는 윤리적이지 않은 모델이 더 '나쁜' 모델이라고 생각한다. 하지만 그 시대의 윤리관에서 받아들여질 수 없는 모델 중에서도 높은 모델이 있을 수 있다. 과거의 수많은 경전과 법전들은 현대의 윤리관에 맞지 않는 면이 많지만 치밀한 구성으로 높은 격을 가진 경우가 있듯이 말이다. 모델이 들어맞지 않는 곳에서는 채택하지 않으면 될 뿐이다. 틀린 모델은 없다. 상대적으로 더 높거나 낮은 격의 모델이 있을 뿐이다.

시간이 흐를수록 격이 높은 모델들이 많이 만들어질 것이다. 하지만 아주 오래전에 만들어진 모델도 인류 맥락의 경계에 남아있을 만큼 격이 높을 수 있다. 예를 들어 노자, 임마누엘 칸트, 루트비히 비트겐슈타인, 폴 세잔, 마르셀 뒤샹과 같은 위대한 인물들의 모델들이 그러한 모델들이다.

2500년 전에 노자의 〈도덕경〉이 인류 맥락 바깥에 찍었던 점은 아직도 인류 맥락 경계면의 한 부분을 차지하여 지금까지도 사람들에게 많은 통찰을 제공해 주고 있다. 반면 라이트 형제의 날개 디자인과 같이 현대 공학에 밀려나 이제는 경계면에 남지 않은 모델도 많다.

추상화된 분야일수록 모델은 오래 살아남는다

추상화가 잘 된 분야(수학, 철학)의 모델들이 추상화가 덜 된 분야(공학, 의학, 법학 등)의 모델들보다 인류 맥락의 경계에 오래 남아있을 확률이 높다.

여기서 추상화Abstraction란 구체적 대상들의 특징들을 추출한 후 그 특징을 가진 보편적인 대상을 개념화하는 것이다. 이는 거의 모든 분야에서 이론 체계를 정립하는 보편적 방법론이다. 추상화와 거리가 먼 접근은 사례 연구case study인데 여러 사례를 살펴보며 공통적인 패턴이나 느낌을 찾아가는 방식이다. 이는 공학, 의학, 법학과 같은 분야에서 주로 쓰이는 방법론이다. 인공지능이나 점성술과 같은 통계적 접근은 이 중간 어딘가에 있다.

추상화가 잘 된 분야의 모델들이 인류 맥락의 경계에 오래 살아남는 이유는 다음과 같다. 이 분야들은 하나의 이론 체계에 가까워 모델을 만들 당시에 생각하지 못했던 범위까지 적용이 가능할 수도 있기 때문이다. 추상화가 잘 된 분야에서 더 높은 격의 모델을 만들기 위해서는 기존 이론 체계를 포함하며 더 추상화된 새로운 이론 체계를 만드는 어려운 일을 해내야 한다.

추상화가 덜 된 분야는 하나의 이론 체계보다는 사례 연구에 가까위 높은 모델의 사례를 하나만 만들어내도 된다. 이 때문에 인류 맥락의 경계와 가깝거나 바깥에 있는 모델을 만들어내기가 더 수월하다.

예를 들어 김치볶음밥을 만들 때 김치의 특성(맵기, 짜기, 익은 정도)마다 볶음밥의 맛이 달라질 것이다. 그렇다고 경우마다 매번 따로 레시피를 만들기 시작하면 끝이 없다. 서로 다른 맛의 김치를 모두 '김치'로 추상화해야 볶음밥의 레시피를 만들 수 있는 것이다. 이러한 추상화가 없다면 매번 요리 고수가 김치를 먹어보고 '이 정도는 넣어야 할 것 같은데'하는 것들을 전수하여야 할 것이다.

이렇게 응용을 염두해 두고 하는 추상화도 있으나 추상화 그 자체가 목적인 경우도 있다. 순수 수학자들은 자신의 아름다운 발견이나 발명이 미래에 어떻게 응용될지 상상할 시도조차 하지 않는다. 수학자들에게 자신의 결과가 어떻게 쓰일 수 있는지 물어보면 그들은 이야기를 지어내기 시작할 것이다. '새로운 암호를 만들 수 있을 것 같은데…' 또는 '인공지능을 만들 때 도움이 될 것 같은데…' 처럼 말이다. 이는 모두 갓 지어낸 말들이기 때문에 굳이 귀담아들을 필요는 없다.

사실 이들은 자신의 연구가 3000년 후에 응용이 되든 영원히 응용되지 않든 전혀 신경 쓰지 않는다. 응용이 되지 않는데 연구를 왜 하냐고 묻는다면 단순히 재미있기 때문이다. 수학이 재미없는 이유는 그 논리 구조를 이해하지 못하기 때문인데 이해하기만 하면 재미가 없기 힘들다. 구성이 복잡한 높은 모델이기 때문이다.

수학의 의미는 인류가 구사하는 논리들이 항상 수학이라는 생각의 구조 체계 안에 있다는 점이라고 말할 수 있다. 수학 언어의 크기는 인류가 잠재적으로 생각할 수 있는 가장 방대하고 정교한 생각의 크기다.

서로 다른 분야에 있는 모델들의 격을 비교하는 방법

지극히 평범한 아이인 마이크 타이슨 군(16세)은 물리학을 모르지만 파스텔톤을 기가 막히게 구사하는 미술 작가 지망생이다. 한편 위대한 물리학자인 알베르트 아인슈타인^{Albert Einstein}은 파스텔은 물론 그림을 그려본 적도 없다. 타이슨 군의 그림 모델은 아인슈타인의 일반 상대성 이론 모델의 맥락을 포함하지 않을 것이고, 일반 상대성 이론 모델 또한 타이슨 군 그림 모델의 맥락을 포함하지 않을 것이다. 따라서 맥락의 포함 관계로는 두 모델의 격의 높낮이를 비교할 수 없다.

하지만 아무리 그림의 맥락이 포함되어 있지 않다고 하더라도 일반 상대성 이론 모델이 타이슨 군의 그림보다는 격이 높다고(고려된 맥락의 양이 많다고) 말해야 할 것 같지 않은가?

만약 모델의 격을 맥락의 포함관계로만 비교할 수 있다면 위의 예시처럼 서로 다른 분야의 모델을 비교하지 못한다는 한계가 있다. 하지만 다행히 서로 다른 분야의 모델의 높이를 비교할 방법이 있다. 보편적인 비교는 아니고 사회적인 관점에서의 비교이다.

그 방법은 비교하고자 하는 두 모델을 재현할 수 있는 역량이 있으면서 모델이 속한 두 분야를 동시에 이해하고 있는 전문가들에게 어느 모델의 격이 더 높은지 물어보는 것이다. 많은 전문가에게 투표를 시켰을 경우 그들의 의견이 비슷할 수도 있고 분분할 수도 있다. 만약 전문가의

의견이 대부분 비슷하다면 그 투표 결과를 따르는 것이다. ⁶⁾

하지만 두 분야를 모두 섭렵한 전문가들이 거의 없는 경우에는 이런 방식의 비교가 힘들 수 있다. 그럴 때는 다른 중간 분야의 b 모델을 찾아내서 a≤b, b≤c → a≤c의 논리로 a와 c를 비교해 볼 수 있다.

예를 들어 우리가 어떤 프로그래머가 만든 '엉망인 알고리즘'과 어떤 기계공학자가 만든 '아름다운 엔진'을 비교하고 싶은데 이 두 모델을 모두 이해할 수 있는 사람들이 많지 않다고 가정하자. 컴퓨터공학과 기계공학을 동시에 전공하기는 힘드니 그리 무리한 가정은 아닐 것이다.

이때는 로봇공학의 분야에서 '그럭저럭 로봇' 모델을 가져와서 중간 모델로 사용할 수 있다. 컴퓨터와 로봇을 동시에 이해한 사람이나 로봇과 기계공학을 동시에 이해한 사람은 더 흔할 수 있기 때문이다. 결국 이들이 엉망인 알고리즘 ≤ 그럭저럭 로봇 ≤ 아름다운 엔진의 관계를 알려준다면 우리는 알고리즘 모델과 엔진 모델을 비교할 수 있게 된다. 물론 이러한 비교 방법을 현실에서 실용적으로 적용하자는 게 아니다. 다른 분야의 모델들을 이렇게 사회적으로 비교할 수 있다는 관점을 이야기한 것이다.

격의 높낮이는 절대적 진리가 아니라 사회적인 쓰임이 있을 뿐이다. 결국 격의 높이도 사회적인 비교가 있을 뿐이다. 물론 이 모든 것이 사회적 합의일 뿐이라는 단일모델이 격을 모두 설명하지도 않을 것이다.

---

6) 마이클 샌델의 저서 〈정의란 무엇인가〉(김명철 옮김, 와이즈베리, 2014)에서 심슨 시리즈와 셰익스피어 시리즈가 어떻게 비교되는지 참고해봐도 좋다.

3
이성

이성으로 독립하기

어떤 사람의 이성은 그가 의식적으로 구현할 수 있는 모델들의 모음이다. 그리고 그 사람의 이성의 높이는 그의 이성 안에 들어있는 가장 높은 모델의 높이다.

자신이 구현할 수 있는 가장 높은 모델은 각자 다른 분야에 있을 것이다. 글 작가는 자신만의 고유한 글, 오케스트라 지휘자는 군더더기 없는 해상도 높은 연주, 기업의 팀장은 지속 가능한 생산성 높은 팀, 프로젝트 매니저는 완성도 높은 제품이 각자 자신의 높은 모델이다. 이렇게 모두는 각자의 분야에서 가장 높은 모델들을 구현하게 된다.

이러한 이성은 한 분야에 특정되지 않는 어느 정도 보편적인 면이 있다. 한 분야에서 어떤 높이의 모델을 구현할 수 있다면 다른 분야에서도 그 정도 높이의 모델들을 다룰 수 있게 된다.

예를 들어 바둑 기사 출신의 신입사원이 상사들보다 전략적인 아이디어를 잘 내거나 프로게이머 출신이 프로 포커 플레이어로 전향하여 좋은 성과를 내는 배경이 여기에 있을 것이다. 기업에서 상위권 대학의 졸업 평점이 높은 지원자를 채용하려는 이유는 성실성과도 관련이 있겠지만 회사의 업무를 잘 해낼 수 있는 보편적인 이성을 가졌는지와도 관련이 있을 것이다.

물론 대입 시험의 점수나 졸업 평점이 그 사람의 이성을 완전히 표현하지는 않을 것이다. 하지만 대학교 입학시험의 채점 방법을 연구하는 심리측정학자psychometrician들은 최선을 다해서 시험 점수가 학생의 이성(학습 능력)을 대변하도록 점수 체계를 만든다. 이들의 노력이 100% 헛수고는 아니라면 그 시험점수가 그 사람의 이성과 완전히 무관하지도 않을 것이다.

어떤 모델이 자신의 이성 안에 들어와서 그 모델을 의식적으로 재현할 수 있게 되면 그 모델은 채택의 대상이 된다. 즉 자신이 이 모델을 채택할지 말지를 결정할 수 있게 된다. 반대로 자신의 이성이 어떤 모델을 담지 못하는 상황은 그 모델을 채택 할지 말지를 논할 역량에 미치지 못한 것이다.

예를 들어 만유인력 모델의 수식을 모르는 사람은 블랙홀의 지름을 계산할 때 이 수식을 사용할지를 결정할 수 없다. 요리를 해보지 않은 사람은 소스를 걸쭉하게 만들기 위해 얼마만큼의 전분을 추가할 것인가에 대한 논의에서 할 수 있는 말이 없다.

이렇게 어떤 모델이 자신의 이성의 밖에 있는 경우에는 그 모델이 채택이 아닌 믿음의 대상이 된다. 어떤 모델을 믿는다는 것은 이 모델에 대해 생각하기를 그만두고 모델을 이해하지 않은 상태에서 진리로 간주하겠다는 말이다. 우리는 누군가 어떤 모델을 채택할 수 있을 때 그가 그 모델에서 독립했다고 할 것이고 믿음의 대상에 그칠 때면 그 모델에 종속되었다고 부를 것이다.

어떤 모델을 채택의 대상으로 다루는 경우와 그러지 못하는 경우 각

각 모델과 관계하는 방식이 다르다.

　어떤 비종교인에게 종교의 전도에 관한 모델을 들은 적이 있다. 그는 불교에서 인간의 마음을 구성하고 있는 8가지 형식(8식) 중 얼마나 넓은 세계관을 설명하는지가 전도의 수준이라고 했다. 가장 낮은 수준의 전도는 주로 교육을 받지 않은 노인들에게 한다고 했다. '하루에 3번씩 나무아미타불을 찾으면서 가장 정성껏 기도하면 당신도 극락에 갈 수 있습니다'라고 하면 그들은 밑져야 본전이라는 심정으로 3번씩 기도를 한다고 했다. 그런데 혹시 기도에 정성이 충분치 않아 극락에 가지 못하게 될까 봐 기도를 한 번씩 더 하기도 한다. 이렇게 정성이 담긴 생각을 반복하면서 믿음이(그게 무엇이건 간에) 생기는 경우가 많다고 했다. 상대방의 이성이 높을수록 더 많은 형식으로 세계가 설명되는 모습을 보여주어야 한다. 8단계를 모두 설명해 줘도 겨우 믿을까 말까 하는 사람들도 있는데 애초에 그런 설명이 가능한 종교인은 거의 없다고도 했다.

　일부 종교에서 심신미약이나 사회적 약자들에게 전도를 시도하는 이유도 있다. 교리가 그들이 안고 있는 문제의 원인과 해결법을 낮은 단계에서 쉽게 설명해 주기 때문이다. 사실 여러 종교에서도 이해하지 않은 채 무작정 믿는 '믿음으로의 믿음' 보다는 교리에 대한 깊은 이해를 바탕으로 하는 '채택으로의 믿음'을 더 높은 격의 믿음으로 받아들인다. 교리, 역사, 간증, 경험 등을 통해 종교 모델을 깊게 이해하고 완전히 인지한 채택으로의 믿음이 더 격이 높은 믿음(신앙)이라는 것이다.

　반대로 종교 모델의 구성을 이해하지 않은 채 무작정 받아들인 '믿음으로의 믿음'은 신앙이 있는 척 흉내를 내는 일과 같다. 이 상태에서는 자신이 접한 버전의 종교 모델에 종속된다. 그리고 자신이 정통 교리(그게 무엇이건 간에)에 부합하거나 위배되는 행동을 하는지 스스로 판단하지 못하게 된다. 만약 나에게 교리를 전달해 준 사람이 정통 교리를 이해하지 못하는 사람이라면 나는 교리 입장에서 완전히 잘못된 행동을 하고 있을지도 모르는 것이다. 나는 열심히 믿는다고 믿었는데 억울하게 신의 응징(심판)을 받을 수도 있다는 말이다.

하지만 지금 이 책을 읽는 독자는 두려워할 필요가 없다. 이 세상에 종교가 수천 가지나 있다고 한다. 그러니 이 이야기들은 확률적으로 독자가 믿고 있는 종교에 대한 이야기는 아닐 것이라고 이성적으로 예측할 수 있다.

하지만 이런 이야기에 해당되는 일부 종교인들은 교리를 공부할 것인지 아니면 자비롭지 않은 그 종교 신의 응징을 받을 것인지 기로에 놓이게 된다. 교리에 대한 깊은 이해 없이는 그들의 진정한 구원은 없을 것이다.

아이고... 듣기만 해도 무서우니 이 이야기는 믿지 말고 넘어가자.

무거운 것을 들어야 힘이 세진다. 높은 모델을 들어야 이성이 세진다

100kg을 들어보는 훈련 없이 단번에 100kg을 들 수 없듯이 높은 모델을 다뤄보지 않고서는 높은 이성을 갖출 수 없다. 높은 모델의 구성을 이해하고 그와 비슷한 높이의 모델들을 스스로 구현해 보면 이성은 딱 그 모델을 들 정도의 높이까지 훈련된다. 100kg을 들 수 있으면 80kg도 들 수 있듯이 자신의 이성이 어느 높이까지 훈련되면 그보다 낮은 모델들은 자동으로 채택의 대상이 된다.

우리 모두 살아오며 이러한 이성의 성장을 경험했다. 초등학교를 졸업하고 중학교에 진학한 우리들은 모두 똑같은 생각을 했었다. '초등학교 때 배웠던 것들을 왜 어려워했지? 1시간만 공부했으면 다 알았겠는데? 진짜 쉬운 거였구나' 배운 내용을 복습한 것도 아닌데 다시 보니 쉽게 느껴졌고, 잠시 읽어보면 실제로 머릿속에 더 잘 들어오기도 했다.

이는 중학생이 된 우리가 중학교에서 비로소 논리적 복잡도를 가진 모델을 접하게 되고 우리의 이성이 그 높이까지 훈련되었기 때문이다. 초등학교에서는 'a=b'와 같은 정의 위주의 지식을 배웠다면 중학교부터는 '(a=b)=>c'와 같이 논리적 구조가 더 복잡한 지식을 배우게 되면서 말이다. 이런 모델들을 통해 높아진 이성은 초등학교의 모델들을 쉽게 다룰 수 있다.

예를 들어 중학교 수학에서 다루는 피타고라스 정리는 직각삼각형의 세 변의 길이에 $a^2+b^2=c^2$의 관계가 있다는 공식이다. 이 공식의 증명을 처음 접한 중학생 신분으로 학습 과정을 따라가 보자. 피타고라스 정리의 증명은 초등학교에서 배우는 그 어떤 내용보다도 논리적 구조가 복잡하다. 대부분의 중학생은 피타고라스 정리의 증명을 처음 마주하게 돼 아무리 읽어도 그 논리를 잘 이해하지 못한다. [7]

그러다가 옆에 있는 친구의 설명을 들으면 증명이 잠시 이해되기도 한다. 하지만 문제는 다음 날에 아무것도 기억하지 못한다는 것이다.

여기서 포기하지 않고 학습을 반복하다 보면 어느 날 다른 사람의 설명 없이 스스로 책을 보고 피타고라스 정리의 증명을 이해하기도 한다.

---

7) 피타고라스 정리가 너무 쉬운 독자는 미적분학의 엡실론-델타 예제로 바꿔서 읽는다면 더 와닿을 수 있다.

하지만 역시 다음 날에는 기억해 내지 못한다. 이 과정을 반복하다 보면 스스로 증명을 쓸 수 있게 되고 다음날 기억도 할 수 있게 된다. 그리고 결국 시험에서 피타고라스의 정리를 증명해 낸다.

피타고라스 정리 증명 정도의 모델을 다룰 수 있는 이성을 만들기 위해서도 이렇게 고통스러운 과정을 거쳐야만 한다. 하지만 여기서 고통에만 주목하지 말고 이성의 확장이 일어나는 과정을 잘 분석하여 효과적인 학습에 대한 몇 가지 지혜를 얻어보자.

우선 지금 학년의 학습이 힘들다면 지금 학년 모델들을 다루기에 요구되는 이성이 없다는 뜻이다. 따라서 지금 학년의 내용을 억지로 외우기보다는 우선 더 낮은 학년의 수학을 공부하여 이성의 높이를 올리는 것이 장기적으로 더 건강한 방법일 것이다. 지금 학년에서 배우는 내용을 이해하지 않고 넘어가는 일은 이번에 갖추어 두어야 하는 이성을 포기한 채 다음 학년으로 넘어간다는 것이다. 따라서 공부가 잘 안된다고 넘어가지 말고 분명히 이해하고 넘어가야 한다.

결국 자신의 이성을 어떤 높이까지 수련하면 그 아래의 모델들은 수월하게 다룰 수 있게 된다. 다음 학년의 수학을 선행학습 했는데 뜬금없이 현재 학년의 수학이 아닌 다른 과목을 더 잘하게 되는 현상도 같은 이치다. 한국의 공교육에서는 법적으로 선행학습을 금지하고 있기 때문에 선행학습을 권장하는 이야기를 여기서 더 할 수는 없을 것이다. 선행학습을 통해 학습이 얼마나 수월해질 수 있는지, 여러 시험에서의 결과가 얼마나 잘 나올 수 있는지, 그리고 상위권 대학에 가서 좋은 네트워크를 통해 얼마나 윤택한 인생을 살아갈 수 있는지에 대한 이야기들을 안타깝게도 여기서 할 수 없다는 말이다. 이 외에도 모델의 격에 대한 논의를 통해 효과적 학습에 대한 더 많은 지혜들을 얻을 수 있으나, 이 책에서는 다루지 않는다.

물론 이성은 꼭 학교 공부가 아니더라도 사람, 예술, 여행, 업무, 사랑, 삶, 도예, 궁술, 모터사이클 관리술 등 모든 형태의 모델로 훈련될 수 있다. 노래를 잘 부르기 위해 여러 가지 근육을 인지하고 통제하는 연습을 하면 이성은 그 정도 높이까지 훈련될 것이다. 6명짜리 팀을 운영해 보는 경험을 통해서는 6명의 팀을 운영하는 일의 복잡도까지 이성이 훈련될 것이다. 하지만 역시 책(특히 수학)이 이성을 수련하기에는 가장 효과적이다. 그 이유는 우리가 어떤 모델을 통해 수련할 때 사용하는 힘이 100이라고 할 경우 수학 공부에서는 그 100의 힘이 모두 복잡한 논리적 구조를 다루는 힘을 기르는 데 사용되기 때문이다.

수학에는 유용한 지식이 단 하나도 없다. 수학 공부는 오직 수학적 대상들의 논리구조를 접해보는 일이다. 따라서 공부에 쓰는 힘의 100%가 이성의 성장에 쓰인다. 반면 다른 분야의 학습에서는 일부의 힘이 '논리적으로 복잡하지는 않지만 유용할지도 모르는 지식'을 흡수하는 데 쓰인다. 각 분야에서 유용한 지식을 습득할 때 얼마나 많은 힘을 쓰게 되는지 대략적인 퍼센트를 나열해 볼 수도 있겠으나 그러지 않겠다.

4
안목과 교양

격이 높은 모델들이 더 흥미롭다면 격이 낮은 모델들은 단순하여 금방 질린다. 예를 들어 틱택토 게임[8]은 일반적인 사람이 평생 즐길 정도의 높이를 가지고 있지 않다. 꼭 보드게임을 해야겠다면 틱택토에서 결국 체스나 바둑으로 넘어갈 수밖에 없다. 그리고 훗날 지식 없이 무작정 즐기는 체스가 재미가 없어진다면 체스 이론을 공부하여 더 높은 모델을 접할 수밖에 없다. 인류 맥락의 경계에 있을 만큼 높은 모델들이 우리가 접할 수 있는 가장 흥미로운 모델들이고 결국 이런 모델들이 우리에게 가장 높은 즐거움을 줄 수 있다.

하지만 안타깝게도 이성으로 높은 모델을 이해하는 데에는 많은 시간과 노력이 필요하다. 그렇기에 우리가 죽기 전에 즐길 수 있는 위대한 모델(인류 맥락의 경계에 있는 모델)의 수는 아주 적을 것이다. 굳이 측정 가능한 지표와 비교를 하자면 박사학위 하나당 하나의 위대한 모델을 이해하는 정도일 것이다. 게다가 덜 추상화된 분야에는 위대한 모델이 하나도 없을 수 있어서 모든 분야의 박사학위가 위대한 모델을 접하게 해주지도 않는다.

하지만 상심하지 말라. 우리가 이성으로 모델을 이해하지 않더라도, 안목과 교양을 통해 더 많은 위대한 모델을 접할 수 있다는 점을 볼 것

---

8) 3×3의 게임판에 번갈아 가며 O, X를 그려서 한 줄을 만들면 이기는 게임

이다. 우리가 위대한 모델을 한두 개만 경험한 채로 죽어야 하는 것은 아니다. 많은 사람들이 안목과 교양을 통해 다양한 분야에서 위대한 모델들의 아름다움을 만끽하며 살아가고 있다.

안목으로 독립하기

안목(심미안)이란 어떤 모델의 높이를 가늠할 수 있는 능력이다. 이성으로 어떤 모델의 구조를 이해하지 않더라도 안목으로 그 모델의 높이를 볼 수 있다. 여기서 어느 높이의 모델들까지 가늠할 수 있는지가 그 사람의 안목의 높이다.

안목은 모델을 구현할 수 있는 이성보다는 약한 능력이다. 다만 모델의 구성을 이해하면 당연히 그 모델의 높이도 볼 수 있기 때문에 안목의 높이는 이성의 높이보다 항상 높다.

자신의 이성의 안쪽에 들어오는 모델을 만나면 그 모델의 격을 높일 방법을 알 수 있다. 예를 들어 그림에서 '검은색을 바로 칠하지 말고 노란색을 칠한 다음에 검정으로 덮으면 더 검어질 거야' 라든지 '파란색에 갈색 물감을 섞으면 더 깊은 검정이 나올 거야' 처럼 말이다.

반대로 모델이 자신의 이성의 안쪽에는 들어오지 않았지만 안목이 모델보다 높다면 트집은 잡을 수 있게 된다. '명확한 이유는 모르겠는데… 별로네'처럼 말이다.

자신의 안목이 모델의 높이보다 조금 낮다면 그 모델이 높다는 사실만 알 수 있고 얼마나 높은지는 보지 못한다. '좋은 건 알겠는데 얼마나 좋은 건지는 모르겠네.' 자신의 안목이 모델의 높이보다 많이 낮다면

좋은 모델도 좋은지조차 모른다. '저게 왜 좋다는 거야?'

물론 이 모든 이야기는 미술뿐만 아니라 말, 글, 기업 전략, 제품 기획, 음악, 연기와 같은 모든 분야의 모델들에 적용되는 이야기다.

안목이 중요한 이유는 모델의 높이를 볼 수 있으면 그 모델에서 독립할 수 있기 때문이다. 이성으로 모델의 구성을 이해하지 못하더라도 '이 정도 높이의 모델일 뿐이구나. 내가 채택해 볼 수 있겠네' 하는 식으로 말이다. 즉 이성이 없어도 안목을 통해 모델을 채택의 대상으로 다룰 수 있다. 이와 반대로 높이를 파악할 수 없는 모델은 믿음의 대상이 된다. 안목이 낮은 사람 입장에서는 모델이 단순히 나의 안목을 넘은 모델인지 아니면 세상의 비밀을 품은 진리인지 판단할 수 없기 때문이다.

안목이 중요한 또 다른 이유는 어느 분야에서든 이성은 안목까지만 성장할 수 있기 때문이다. 악기 연주자의 예시를 통해 살펴보자. 연주자가 스스로 연습할 때 연주하거나 녹음하면서 자신의 연주를 들어보고 다듬게 된다. 하지만 결국 자신이 스스로 들을 수 있는 연주의 해상도까지만 본인의 연주를 다듬을 수 있다.

예를 들어 연주된 음의 길이를 1/16박자 단위까지 구분하여 들을 수 있는 사람은 연습을 통해 1/16박자의 해상도까지 연주를 다듬을 수 있을 것이다. 1/32박자 단위까지 들을 수 있는 사람은 1/32박자의 해상도까지 연주를 다듬을 수 있을 것이다. 아무리 열심히 연습하더라도 이런 음 길이의 차이가 들리지 않는다면 결국 음의 미묘한 길이 조절에서 나오는 맛깔난 연주를 할 수 없다. 열심히 정진하는 수많은 양산형 연주자 중에는 대가들의 연주를 해상도 높게 듣지 못하는 사람들이 대부분인데 우선 듣지 못한다면 좋은 연주를 할 수 없는 것은 당연하다.

안목이 중요한 또 하나의 이유는 안목이 좋은 사람은 빠른 확신을 가지고 적절한 모델을 골라낼 수 있기 때문이다. 이런 능력은 생존의 질이나 양과도 큰 관련이 있다. 미래를 크게 가를 중요한 결정에서 안목이 결정적 역할을 할 수 있기 때문이다. 더 빠르게 확신을 가지고 결정을 내리는 CEO들의 성과가 더 좋다는 이야기는 유명하다. 미술품 수집가들이 고가의 작품 구입 여부를 두고 긴 시간 고민하여 결정할 것 같지만 이들의 결정은 매물을 보자마자 순간적으로 이루어진다. 그동안 봐왔던 모델들을 기준으로 새로운 모델의 아름다움이나 투자 매력이 곧바로 보이기 때문이다. 이처럼 안목은 결정적인 순간에 과감한 베팅을 할 수 있게 해준다.

높은 모델이 아닌 적절한 모델로 성공하기

상황과 목적에 따라 무작정 높은 모델보다는 적절한 높이의 모델을 채택하는 것이 나을 수 있다. 높은 모델이 목적을 달성하게 해주는 것은 아니기 때문이다. 특히 여러 사람이 동시에 관여하는 문제들에서는 내 안목보다 다른 사람들의 안목에 대한 예측이 더 중요할 수도 있다. 케인스의 미인대회가 이런 경우의 예시다.

케인즈의 미인대회Keynesian beauty contest는 미인대회 우승자를 예측하려면 내가 미인이라고 생각하는 사람이 아닌 다른 사람들이 미인이라고 생각할 것 같은 사람을 골라야 한다고 한 존 메이너드 케인즈 ^{John} Maynard Keynes의 이야기다. 이를 주식 투자에 적용하면 좋은 투자 성과를 내기 위해서는 나에게 좋아 보이는 주식보다는 다른 사람들에게 좋아 보일 것 같은 주식을 매수해야 한다. 주식의 가격은 모든 시장 참여자의 행동 평균으로 결정되기 때문이다.

더 깊은 논의를 위해 케인즈의 미인대회와 비슷한 평균의 2/3 추측하기 게임을 살펴보자. 평균의 2/3 추측하기 게임은 1981년 프랑스 잡지 〈게임과 전략^{Jeux et Stratégie}〉에서 4,000명의 구독자를 대상으로 진행되었다. 4,000명의 참가자는 1부터 10억 사이 숫자 중 하나를 제출해야 했는데 참가자들이 제출한 숫자들의 평균 2/3에 가장 가까운 숫자를 제출한 참가자가 우승하는 게임이다.

예를 들어 4,000명의 사람이 제출한 숫자가 1, 2,⋯ 4,000이었다고 가정하자. 저자가 밤을 새워서 이를 더해봤더니 8,002,000이 나왔다. 따라서 4,000명의 평균은 2000.5, 그리고 평균의 2/3는 1333.666이므로 우승자는 1334를 제출한 사람이 되는 것이다. 이 게임에서 우승의 관건은 다른 참가자들이 어떤 숫자를 제출할지를 잘 예측하는 것이었다. 정말 혹시나 해서 쓰지만 2/3는 2를 3으로 나눈 숫자로 '3분의 2'라고 읽으며 그 값은 1.5가 아니라 0.666⋯이다.

편의를 위해 이를 1부터 10억이 아닌 0부터 1까지의 숫자를 제출하는 게임으로 바꿔 생각해 보자. 우선 이 게임에 대해 '한 번' 생각해 보면 모든 사람이 제출할 수 있는 가장 큰 숫자인 1을 내더라도 그 평균의 2/3는 2/3이기 때문에 2/3보다 큰 숫자를 제출하면 우승하지 못한다는 사실을 알 수 있다. 따라서 우승하기 위해서는 2/3를 냈으면 냈지 2/3보다 큰 숫자를 제출하는 것은 의미가 없다.

그런데 만약 다른 모든 참가자도 2/3보다 큰 숫자는 의미가 없다는 사실을 생각해 냈다면 어떻게 될까? 그렇다면 나는 그들보다 '한 번 더' 생각해서 모든 사람이 2/3라는 가장 큰 숫자를 내더라도 그 평균의 2/3가 될 수 있는 가장 큰 숫자는 $(2/3)^2$라는 사실을 알아낸다. 그래서 나는 $(2/3)^2$보다 큰 숫자를 내는 것 또한 의미가 없다는 사실을 알아낸다. 여기서 '한 번 더' 생각하면 $(2/3)^3$보다 큰 숫자를 내는 것도 의미가 없다. 이것을 반복하여 'n번' 생각하면 $(2/3)^n$보다 큰 숫자를 내는 것은 의미가 없다는 사실을 알 수 있다. 이 게임의 모든 참가자가 무한히 똑똑하다면 다 함께 0을 낼 것이다.

결국 이 게임의 참가자가 해야 하는 일은 현재 게임에 참여하는 집단의 사람들이 전체적으로 '몇 번' 생각할 만큼 똑똑한지를 예측하는 것이다. 여기서도 '한 번 더' 생각하면 다른 참가자들이 이 집단을 얼마나 똑똑한 집단이라고 예측할지를 예측해야 하는 것이다. 여기서 '한 번 더' 생각하면… 이제 그만하자.

1981년 진행되었던 이 게임에서의 우승 숫자는 10억의 9%인 89,881,826이었다. 2년 후 같은 잡지에서 동일한 게임을 한 번 더 진행했다. 그런데 그해의 우승 숫자는 10억의 6.7%인 67,329,453이었다. 신기하게도 이 숫자는 지난번 우승했던 숫자의 2/3와 비슷하다. 사람들이 지난번 게임에서 '한 번 더' 생각한 것일까?

이처럼 무작정 높은 모델보다는 적절한 높이의 모델을 채택해야 하는 일은 흔하다. 예를 들어 초보 골퍼를 잘 가르치기 위해서 일부러 숙련된 골퍼와 반대되는 지도를 해줄 수 있다. 초보자는 몸에 불필요한 힘이 들어갈 수 있기 때문에 클럽을 잡은 손에 힘을 빼라고 지도할 수 있다. 하지만 숙련자는 정확한 에너지 전달을 위해 클럽을 탄탄하게 쥐라고 지도할 수 있다. 초보자에게는 일관된 성과를 위해 골프공을 항상 높게 치라고 할 수 있지만 숙련자에게는 상황에 따라 낮게 치라고 할 수 있다. 좋은 강사는 이처럼 높은 안목으로 학생의 수준을 정확히 알아보고 그에게 가장 도움이 될 수 있는 가르침을 제공할 수 있는 사람이다. 물론 가장 정확한 지도는 '나중에는 클럽을 탄탄하게 쥐어야 하는데 지금은 힘을 빼세요. 그 이유는…'하고 이야기하는 것이다.

적절한 모델의 높이를 찾는 또 다른 예는 매출을 높이기 위해 대중예술을 난해하지 않게 만드는 것이다. 대중의 평균적 이성보다 너무 높은 모델의 작품은 매출이 잘 나오지 않는다. 높은 모델의 맛을 느낄 수 있는 사람은 소수이기 때문이다. 물론 안목이 높은 사람들은 대체로 낮은 모델을 내놓지 않고 싶어 하는데, 이 마음을 잘 참고 적당히 낮은 모델을 채택할 수 있는 결단을 내려야 사업적으로 좋은 결과를 만들어 낸다. 저자는 '누구나 할 수 있는 유튜브로 100만 원 벌기'만큼 적당히 낮지만 사업적으로 유리한 예술적 모델을 본 적이 없다.

이 모든 상황에도 불구하고 작품의 격을 낮추지 않으면서 많은 대중에게 다가가기 위해서는 유머를 최대한 활용하는 수밖에 없어 보인다.

이 방면으로 처음이자 마지막으로 성공한 사람은 〈돈키호테〉를 쓴 미겔 데 세르반테스^{Migel de Cervantes}가 아닐까?

교양으로 독립하기

교양은 어떤 모델이 다른 모델들과 맺는 관계를 아는 것이다. 이성으로 모델의 구조를 이해하지 않더라도 교양으로 전체 맥락 안에서 그 모델의 위치를 볼 수 있다. 그리고 결과적으로 그 모델을 채택의 대상으로 다룰 수 있게 되어 독립하게 된다. '아 이 모델은 내가 아는 다른 모델에서 요만큼의 맥락이 더해진 것이구나' 또는 '비슷한 시기에 나왔던 100개의 모델 중 하나구나'처럼 말이다. 이렇게 교양을 통해 모델에서 독립하는 일을 자세히 살펴보자.

더블베이스와 일렉트릭 베이스에는 네 개의 줄이 있고 같은 운지법에서 같은 음이 난다. 클래식기타, 통기타, 일렉트릭 기타는 모두 여섯 줄이고 같은 운지법에서 같은 음이 난다. 기타의 여섯 줄 중 네 줄은 베이스의 네 줄을 한 옥타브 올린 것이다. 이러한 사실을 아는 클래식 오케스트라의 더블베이스 연주자는 일렉트릭 기타도 어느 정도 연주할 수 있게 된다. 자신이 더블베이스에서 하던 연주를 그대로 일렉트릭 기타로 하면 한 옥타브가 올라간 연주가 나오기 때문이다. 그는 록 페스티벌에서 신들린 일렉트릭 기타 솔로를 보더라도 대강 어떻게 하는 것인지 상상이 가능하다. 따라서 그는 이 기타리스트가 범접할 수 없는 신의 영역에 있는 것은 아니라는 점을 알 수 있고 따라서 기타리스트에 종속되지 않는다.

피에르 바야르Pierre Bayard의 〈읽지 않은 책에 대해 말하는 법〉에서도 교양에 대해 이야기한다. 그 중 로베르트 무질Robert Musil의 소설 〈특성 없는 남자〉에 나온 장면을 인용한다. 무질의 이 소설은 20세기 초 오스트리아-헝가리 제국을 배경으로 한다. 이야기는 황제의 이번 생일잔치를 본국 바깥 세계의 죄를 씻어주는 기회로 삼고자 하는 한 애국단체가 등장하는 것으로 전개된다.

　그들은 우선 자신들의 명분을 찾으려고 한다. 그것은 모든 사상보다 뛰어난 최고의 사상을 찾아내서 자신들의 사상으로 삼는다는 것이다. 단체의 일원인 스툼 장군은 사상을 얻을 수 있는 최적의 장소인 도서관을 찾아간다. 하지만 그는 책이 350만 권이나 있다는 이야기를 듣고 목표를 단념하려 하는데 이때 도서관의 사서가 장군에게 호의를 베풀어 모든 책을 알 수 있는 방법을 알려주겠다고 한다. 그는 자신이 모든 책을 알 수 있는 이유는 오히려 아무런 책도 읽지 않아서라고 말한다. 다음 인용글을 보자.

　"장군님! 제가 어떻게 이 많은 책을 모두 알 수 있는지 궁금하지요? 장군님께 말씀드리지 못할 이유가 전혀 없습니다. 그것은 어떤 책도 읽지 않기 때문이랍니다!"
　참으로 어이없는 일 아닌가! 어처구니없어하는 나를 보더니 그가 설명하려 들더군. 훌륭한 사서가 되는 비결은 자신이 맡은 모든 책에서 제목과 목차 외에는 절대 읽지 않는 거라고 말이야. 그는 이렇게 말했네.

"책의 내용 속으로 코를 들이미는 자는 도서관에서 일하긴 글러 먹은 사람이오! 그는 절대로 총체적 시각을 가질 수 없단 말입니다!" [9]

여기서 도서관 사서가 말하는 총체적 시각이란 바로 책들이 서로 맺고 있는 관계를 알고 하나의 책이 전체 책들의 맥락 안에서 어떤 위치를 갖는지를 아는 교양이다. 바야르는 많은 책을 읽는 것보다는 책에 대한 책을 몇 권 읽는 것이 오히려 더 많은 책을 이해할 수 있게 해준다고 이야기한다. 그리고 더 나아가 교양을 통해 자신이 읽지 않은 책이라도 그 책을 읽은 사람보다 더 깊게 이해할 수 있다고 한다. 교양은 개별적 모델의 디테일에 대한 이해가 아니라 모델들 간의 관계 지도인 오리엔테이션의 문제라는 것이다.

와인 소믈리에 역시 마찬가지다. 그들은 어떤 와인 하나를 잘 이해하는 것이 아니라 이 와인이 다른 와인들과의 관계에서 어느 위치를 가지는지 아는 사람이다. 그들은 포도밭의 위치, 수확 연도, 등급, 품종, 블렌딩, 와이너리 소유주, 양조사, 숙성 방법, 전문가의 점수, 와인의 나이, 보관 이력과 같은 정보를 통해 마셔보지 않고도 와인의 특성을 파악한다.
　이처럼 하나의 모델이 다른 모델들과 맺는 관계를 안다면 모델의 개별 디테일을 분석하는 과정을 거치지 않고도 그 모델을 자신의 맥락 안에서 다룰 수 있게 된다. 즉 교양을 통해서 이성으로 이해하지 않은 모

---

9) 피에르 바야르 〈읽지 않은 책에 대해 말하는 법〉(김병욱 옮김, 여름언덕, 2008)

델도 채택의 대상으로 다룰 수 있게 된다는 것이다.

특정 분야에 대한 이러한 안목과 교양을 직업으로 삼은 사람들이 바로 평론가들이다. 예를 들어 영화 평론가들은 영화 작품 모델을 설명해 주는 평론 모델을 창조한다. 이들은 이성이 아닌 안목과 교양을 통해서도 모델을 만들어내는 창조가 가능하다는 점을 보여준다. 평론가들은 자신의 안목으로 영화 작품 모델에 평점을 매기기도 하는데 그 숫자의 근거는 자신의 평론 모델이다.

5
공감과 사람의 격

공감의 높이도 정의할 수 있는가?

'축의 시대'는 기원전 900년부터 기원전 200년까지 4대 문명에서 폭발적 성찰이 이루어졌던 시대를 뜻한다. 이 시대에 중국, 인도, 중동, 그리스 문명에서 공자, 노자, 맹자, 장자, 싯다르타, 탈레스, 소크라테스, 플라톤, 아리스토텔레스, 이사야, 예레미야와 같은 현자들이 나타났고 불교, 힌두교, 조로아스터교와 같이 현대 종교와 철학의 뿌리가 되는 종교들도 동시에 나타났다. 한 시대에 지구에서 동시다발적으로 폭발적 사유가 일어난 것이다.

'축의 시대'라는 개념은 카를 야스퍼스Karl Jaspers가 정의했다. 그런데 이를 제목으로 하는 책을 쓴 사람은 놀랍게도 야스퍼스가 아니라 카렌 암스트롱Karen Armstrong이라는 사람이다. 암스트롱은 이 책에서 축의 시대 현자들이 삶, 우주, 그리고 모든 것에 대하여 교류 없이 독립적으로 고민했는데도 똑같은 결론이 나왔다는 이야기를 한다. 그 결론은 바로 상대방의 처지를 이해하고 필요하다면 실질적으로 도움을 주려는 욕구인 연민compassion이다.

지금부터 연민의 근원인 공감에 관해 이야기할 것이다. 공감에는 두 종류가 있다. 상대방의 처지를 이해하는 이성적 공감sympathy과, 함께 느끼는 정서적 감정이입empathy이다.

이성적 공감은 사람의 마음을 이성적으로 이해하는 것이다. 이는 상대방의 정보와 그의 상황에 대한 이성적인 분석을 통해 이루어진다. 또한 상대방과 유사한 경험이 있다면 그 경험을 바탕으로 상대방의 마음을 더욱 정확하게 상상하고 이해할 수 있게 된다.

예를 들어 친구가 축구팀 감독의 롱볼 전술에 의문을 표했다가 팀에서 쫓겨날 위기에 처해 있다고 하자. 만약 나도 과거에 똑같은 감독의 롱볼 전술에 의문을 표했다가 팀에서 쫓겨날 위기에 처했었다면 나는 친구의 상황을 논리적으로 잘 이해할 뿐만 아니라 과거의 내 경험을 기반으로 친구가 어떻게 느끼고 있을지 더 잘 상상할 수 있다. 이렇게 이성적으로 상대방의 생각과 감정을 이해하고 상상하는 것이 이성적 공감이다.

정서적 감정이입은 이성적 공감과 다르게 상대방의 감정을 직접적으로 체험하는 방식이다. 예를 들어 앞에 있는 사람이 우는 이유를 모르더라도 그 사람과 함께 있는 것만으로도 눈물이 나올 수 있다. 이는 당연히 상대방의 감정이 나에게 전이되는 것이 아니라 내 안에서 독립적으로 생성되는 감정이다. 이렇게 정서적 감정이입으로 느껴지는 감정은 실제 상대방의 감정과 유사할 수도 다를 수도 있다. 하지만 높은 일치율의 정서적 감정이입과 이성적 공감이 앙상블 될 때, 비로소 진정한 공감에 가까워지게 된다.

물론 모든 사람은 서로 다른 삶의 배경과 경험을 가지고 있으므로 완전한 이성적 공감이나 완전한 정서적 감정이입은 불가능하다. 나의 이성적 이해가 정확한지 그리고 내가 느끼는 상대방의 감정이 실제로 상대방의 감정과 얼마나 일치하는지 스스로 알 수 없기 때문이다. 그럼에도 불구하고 이성적 공감과 정서적 감정이입의 앙상블을 통해 어느 정도까지 높은 해상도로 상대의 마음을 이해하고 공감할 수 있는지가 그 사람의 공감의 격이다.

사람의 격은 이성과 공감의 격의 합이다

어떤 사람의 격은 바로 이러한 이성과 공감의 격의 합이다. 여기서 말하는 합은 숫자를 더한 것이 아니라 함께 존재한다는 뜻이다.

예를 들어 누군가의 중간고사 성적을 243점이라고 하지 않고 '국어 93점, 수학 70점, 과학 80점'이라고 하듯이 사람의 격도 '이성의 격, 공감의 격'으로 표현할 수 있다. 이는 이성이나 공감 중 하나만으로는 높은 격을 가질 수 없다는 말이기도 하다.

이성의 격은 이성, 안목, 교양을 통해 얼마나 높은 모델까지 채택의 대상으로 다룰 수 있는가이다. 공감의 격은 사람의 마음을 얼마나 해상도 높게 이해하고 공감할 수 있는지를 의미한다. 이성의 격이 높을수록 많은 모델에 종속되지 않고 채택의 대상으로 다룰 수 있다. 공감의 격이 높을수록 타인과의 관계에서 지혜롭고 효과적으로 행동할 수 있다.

그렇다면 모든 조건이 똑같다고 가정했을 때 더 적은 모델에 종속된 사람 또는 선택할 수 있는 행동의 가능성이 더 많은 사람 혹은 상대방의 마음을 더 잘 이해하는 사람 중에 누가 더 우월한 사람인가?

격이 더 높다고 해서 더 우월한 사람이라고는 말할 수 없다. 이는 순전히 격을 우월성에 대한 모델로 채택하는지의 여부에 달려 있다. 아무리 자신이 진정 원하는 것을 알고, 자기 잠재력의 방향을 인지하여 최대로 발현하고 있고, 자신의 가능성과 운명을 스스로 결정하고, 무슨 질문이든 독립적인 자신으로서 대답할 수 있고, 일희일비하지 않고, 타인의 아픔에 공감할 수 있고, 타인을 사랑하고, 항상 솔직할 수 있다고 하더라도 보편적으로 우월하다고 말할 수는 없다는 것이다.

6
창조와 예술

창조하는 순간이 가장 자기다운 순간

어떤 사람의 격이 가장 온전히 작동하는 순간은 바로 창조의 순간이다. 창조는 새로운 모델을 만들어내는 일이고 창조성은 자신이 가진 맥락을 기준으로 이 새로운 모델을 멀리, 크게, 그리고 빠르게 찍어내는 능력이다. 따라서 창조성에는 새로운 모델을 만드는 테크닉(숙련도, 실력, 능숙함 등)도 포함된다.

물론 새로운 점을 찍는 일에는 우연적 요소들이 관여하여 최종적으로는 '창조성+우연'의 결과로 나오게 된다. 새롭게 찍는 점은 자신의 맥락 안쪽에 찍힐 수도 있고 바깥쪽에 찍힐 수도 있다.

만약 자신의 맥락 바깥에 점을 찍고자 했으나 새로운 점이 자신의 맥락 안쪽에 찍혔다면 그것은 자신이 이미 가진 생각이 다시 구현된 것이다. 하지만 애초에 자신의 맥락 안쪽에 점이 찍힐 것을 알면서도 점을 찍으려고 할 수도 있는데 이런 시도를 취미 활동이라 부른다.

피에르 카반느 Pierre Cabanne가 물었다.

"당신에게 취미란 무엇입니까?"

마르셀 뒤샹 Marcel Duchamp은 답했다.

"하나의 습관, 이미 수용한 것의 반복, 무엇을 여러 번 동일한 방식으로 다시 한다면 그것은 취미가 되지. 좋거나 나쁘거나 마찬가지라네. 그것은 어떤 경우에도 취미라네."

자신의 인생에서 루틴을 만드는 일도 이러한 습관이나 취미와 비슷하다. 아침 조깅, 할 일의 체크리스트, 명상, 정기적 회합, 새벽 기도 등 루틴의 목적을 인지하여 채택할 수도 있고 깊게 생각해 보지 않고 믿을 수도 있다. 하지만 목적이 인지되지 않은 루틴이 생기는 만큼 자기 자신은 죽는 것과 같다. 자기 삶이 규칙화되는 만큼 점을 찍어내는 방식이 고정되어 버리기 때문이다. 새로운 점을 찍지 않는 상태는 반복적 일을 수행하는 기계 또는 이미 존재하는 맥락 안에서 점을 찍어내는 인공지능과 다를 바가 없다.

예술 활동은 분야를 불문하고 자신의 격보다 높은 점을 찍으려는 시도다. 예술가적 삶의 태도는 가능한 가장 높은 점을 찍기 위한 삶을 사는 태도다. 높은 점을 찍기 위해서는 타인의 생각에서 독립하고 자신이 원하는 대로 거리낌 없이 행동해야 한다. 이는 뒤에서 자세히 다룰 것이다.

예술가들은 자신의 맥락을 쌓아가며 점점 격이 높은 모델을 생산하다가 죽기 전에 위대한 모델을 한번 만들어보려고 하는 사람들이다. 이는 자신의 힘을 한쪽으로 모아서 그 방향으로 모델을 갈고 닦으며 높은 격에 접근해야만 가능하다. 이것저것 여러 방향으로 시도를 해보는 일로는 결코 높은 격에 접근할 수 없다.

기존 맥락을 알아야만 창조도 가능하다

높은 모델을 만들기 위해서는 자기 맥락의 크기 즉 기존 맥락에 대해 얼마나 많이 이해하고 있는지가 중요하다. 이는 창조성이나 우연만큼이나 중요하다고 할 수 있다. 노력 대비 얼마나 높은 점을 찍을 수 있는지는 결국 자신의 격을 기준으로 하기 때문이다. 인류 맥락 안에서의 높은 모델들을 잘 알고 있을수록 높은 점들을 더 쉽게 찍을 수 있다. 극단적으로는 자신의 맥락 안에 있는 높은 점을 비슷하게 구현해도 높은 점을 찍을 수 있기 때문이다.

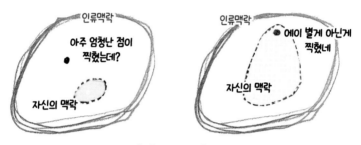

높은 맥락에서 출발할수록 높은 점을 찍기 유리하다

기존 맥락에 대한 이해는 인류 맥락의 바깥에 점을 찍어보려는 경우에 특히 더 중요하다. 인류 맥락을 제대로 알아야만 그 안쪽에 점을 찍는 실수를 피할 수 있기 때문이다. 자신이 찍는 점이 인류 맥락의 바깥에 찍힐 것이라고 착각하여 그 점을 완성해 내려고 한다면 많은 시간을 낭비하게 될 수 있다.

이런 일의 가장 흔한 경우가 박사과정이다. 이는 3년 이상의 시간을 투입해 인류 맥락의 바깥에 조그만 점을 찍는 시도다. 자신이 찍을 점(연구 주제)을 고를 때 인류 맥락의 바깥으로 너무 멀리 있는 점은 실현이 거의 불가능하고 이미 인류 맥락의 안에 있는 점은 시도할 필요가 없다. 따라서 적절한 높이의 점을 찾기 위해서 그 방면의 인류 맥락을 잘 알고 있는 사람의 도움을 받아야 하는데 그가 바로 지도교수이다. 훌륭한 지도교수는 학생이 제 시간 안에 졸업할 수 있을 만큼 낮으면서도 학생의 성과가 어느 정도 의미가 있을 만큼 높은 주제를 찾아준다. 반면 최신 인류 맥락에 대한 감이 떨어진 지도교수를 선택한 대학원생은 적절한 점을 받지 못하여 고통받는다.

기존 맥락에 대한 이해가 없다면 왜 사람들이 내 모델을 흥미로워하지 않는지 스스로 알 수 없다. 예를 들어 사전에 수업자료를 읽지 않은 채로 수업에 참여하는 사람의 모든 이야기는 잡담과 다를 바 없다. 이미 수많이 논의된 후 학자들에 의해 체계화된 내용들을 모른 채 당연한 이야기만 하다가 끝날 확률이 높다.

　예를 들어 클레멘트 그린버그Clement Greenberg, 해롤드 로젠버그Harold Rosenberg를 모른 채로 하는 미술작업은 시간 낭비일 확률이 높다. 많은 추상미술 작가는 자신들이 사이 톰블리Cy Twombly와 앤서니 타피에스Antoni Tàpies를 벗어나지 못했다는 사실도 인지하지 못한 채 인생에서 20년을 허비한 채 다른 직업을 찾는다. 창조와 예술을 위해서는 기존 맥락의 학습이 필요하다.

자신의 최대 능력을 개방한 상태인 무아로 들어가는 법
창조 활동을 하다가 운이 좋으면 가끔 자신의 맥락 바깥쪽에 점이 찍히기도 한다. 바로 이때가 자신이 예술가로서 진전을 이룬 순간이기도

하다. 하지만 이 순간이 오기를 마냥 기다리기만 해야 하는 것은 아니다. 자신의 모든 능력을 최대치로 사용하여 그 확률을 최대화할 수 있다. 이렇게 자신의 최대 능력이 개방된 상태를 무아(無我)라고 한다. 곧 소개할 무아의 모델을 이해한다면 독자는 의식적으로 무아 상태를 만들어낼 수 있게 될 것이다.

분야를 불문하고 예술 활동을 하다가 정신을 차리고 보니 몇 분에서 몇 시간이 순식간에 지나간 신비한 경험을 했다는 사람들이 있다. 이들은 오직 그 순간에 몰입하여 시간이 지나고 나서야 온몸은 땀으로 가득하고 모든 에너지를 예술 활동에 쏟아부었다는 사실을 인지하게 된다.
　이것이 바로 완전히 몰입한 상태인 무아의 경험이다. 이 상태를 지칭하는 다른 단어들에는 무아지경, 몰아, 삼매, 사마디 등이 있다. 다양한 분야의 예술 활동은 무아를 경험할 수 있는 부수적 효과를 갖는다. 그 상태로의 돌입 자체가 목적인 분야로는 명상이나 요가가 있다.
　이제 인간의 뇌가 3-코어 CPU의 컴퓨터처럼 행동한다는 모델을 소개할 것인데, 이를 이용하여 무아 모델을 기술하기 위함이다. 3-코어 뇌 모델에서 각각의 뇌 코어는 과거, 현재, 미래에 관한 생각을 담당한다. 과거 코어는 저장된 기억을 불러오고 현재 코어는 현재 행동의 구현을 처리하며 미래 코어는 지금의 행동이 미래에 어떤 결과를 불러올지 이성적으로 예측한다. 그리고 각각의 코어는 지금 어떤 행동을 해야 할지 각자가 판단한 결론을 우리에게 말한다. 따라서 우리는 세 개의 코어가 말하는 세 가지 행동 중 하나를 선택하게 된다.

세 개의 코어는 동시에 가동되지만 CPU의 코어들처럼 그 점유율이 시시각각 변한다. 그리고 우리는 가장 점유율이 높은 코어가 제시하는 행동을 하게 된다. 점유율이 높은 코어가 과거 코어면 기억을 더듬으며 회상하고 현재 코어면 현재 행동의 구현에 몰입하며 미래 코어면 미래에 어떤 결과가 나올지를 이성적으로 예측하여 행동하는 것이다.

이 뇌 모델을 이용하면 무아를 설명하는 모델을 기술할 수 있다. 과거 코어와 미래 코어를 끄고 현재 코어의 가동률을 최대로 올리는 것이 무아라는 것이다.

요가에서 100가지 기술적 요소를 동시에 고려해야 하는 전설의 자세가 있다고 가정하자. 이 자세를 구현하기 위해서는 100개짜리 체크리스트의 요소들이 실시간으로 구현되고 있어야 하고 하나라도 놓치면 균형을 잃으며 넘어지게 된다.

이 자세를 유지하기 위해서는 가령 실시간으로 뼈 10개의 위치를 인지할 수 있어야 하고, 27가지 근육은 힘을 빼고 있어야 하고 근처를 지나가던 학생들이 '오줌을 많이 싸는 수학자가 누군지 알아? 존 내쉬[John Nash]'라고 이야기하더라도 웃지 않아야 한다고 하자.

초보 요가인의 머릿속에서는 끊임없이 개별 테크닉 요소에 대해 의식적인 생각을 하게 된다. '아 승모근에 힘이 들어갔네', '갈비뼈 닫아야 하는데', '존내 쉬? 풉!'과 같은 생각들 말이다. 초보자가 두뇌를 온전히 가동하여 한 가지 요소를 구현해 내면 마법처럼 다른 요소들이 깨진다.

하지만 숙련된 요가인일수록 억지로 생각하지 않아도 자동으로 구현할 수 있는 테크닉 요소가 늘어난다. 과도하게 의식을 하지 않아도 10개의 뼈의 위치가 인지되고 27가지 근육에는 힘이 빠져 있다. 왕의 아버지가 '부킹'이라고 해도 웃지 않는다.

요가 수련은 이렇게 의식적으로 생각해야만 제어할 수 있는 요소를 하나씩 지워나가는 과정이다. 말로 써놓았으니 쉽게 보이지만 이런 수련은 3년보다는 30년을 걸어야 하는 길에 가깝다. '나는 빨리 할 수 있을 것 같은데?'라고 생각한 독자가 있을 수도 있으나 이 전설의 자세가 무엇인지 이해하려고 하기만 해도 3년이 걸릴 것이다. 참고로 이 전설적 자세의 이름은 '호흡'이다.

결국 이렇게 위대할 만큼 높은 모델을 구현할 수 있는지에 있어서 초반 성장 속도는 거의 중요하지 않다. 결과론적인 이야기일 수도 있지만 오직 자신이 도달할 최대 그릇의 크기가 중요하다. 자신이 도달할 최대 그릇의 크기는 2일 차부터 이해할 수 있는 개념인데 지금은 우선 자신이 가진 그릇의 크기라 말하고 넘어가자.

어쨌든 충분한 크기의 그릇을 가진 사람이 일생 동안 수련을 이어나가면 결국 과도한 의식 없이 이 전설의 자세를 유지할 수 있게 된다. 스스로 과거 코어와 미래 코어를 끌 수 있게 되는 것이다. 그와 동시에 모든 100가지 요소를 고려한 복잡한 모델을 구현하기 위해 현재 코어가 풀가동 되며 무아에 돌입하게 된다. [10]

한 번이라도 스스로 이 방법으로 무아를 만들어내게 되면 그다음부

---

10) 수련을 통해 뇌의 명령이 몸의 100가지 부분으로 전달되는 신경 통로가 뚫린다고 하드웨어적으로 설명할 수도 있다. 100가지 정보를 생산하고 내보낼 때 뇌는 풀가동 되며 삼매에 진입한다. 이런 모델들을 모두 앙상블 시키자.

터는 점점 수월하게 무아에 들어갈 수 있다. 이미 그 분야의 수련을 통해 테크닉에 관한 생각을 지웠기 때문에 과거와 미래 코어를 끌 수 있게 되었고 현재 코어를 완전히 가동시킬 만큼의 높은 모델을 구현할 수 있는 경지에 이르렀기 때문이다.

여기서 흥미로운 것은 현재 코어만 작동하는 상태는 카멜레온과 같은 동물적 상태라는 점이다. 결국 인간이 동물과 구분된다고 자랑스럽게 여기는 이성을 버리고 다시 동물다운 상태로 돌아가기 위해서 이렇게 힘든 수련을 한다는 것이다. 물론 대부분의 경우에는 무아의 결과물인 높은 격의 모델이 목적이기 때문에 그냥 동물적 상태가 되기만 하는 것이 목적인 경우와는 다르지만 말이다.

이러한 몰입의 상태인 무아는 자신의 모든 것을 꺼내서 쓴다는 일이 무엇인지 느끼게 해준다. 이 상태를 인생에서 한 번이라도 경험했다면 온전한 자기 인생을 산다는 말을 이해하게 될 것이다.

무아에 돌입하기 위해서는 하나의 분야에서 깊은 수련을 해야 한다. 명상이나 요가가 아니더라도 악기 연주, 미술 작업, 운동, 댄스, 운전 등 어떤 분야든 이성적 의식 없이 테크닉이 구현되는 자유로운 상태의 경지까지 간다면 그 분야의 무아로 돌입할 수 있을 것이다. 반대로 다양한 취미를 가볍게 즐기는 사람은 평생 알 수 없을 경지이다.

무아로의 돌입에 있어서 테크닉에서 자유로워진 이후에 중요한 것은 그 분야에 현재 코어를 풀가동시킬 만큼 높은 모델을 구현할 수 있는가이다. 이를 위해서는 그 분야에 존재하던 위대한 모델들을 담을 수 있는 충분한 크기의 그릇을 가지고 있어야 한다. 하지만 높은 모델이 존재하지 않는 얕은 분야도 많으므로, 분야도 잘 골라야 한다.

소개한 무아 모델의 또 다른 결론은 논리적인 과제로는 무아에 돌입할 수 없다는 점이다. 예를 들어 수학 문제를 푸는 일과 같은 지적인 고뇌로는 무아에 돌입할 수 없다. 이 모델은 미래 코어를 끄는 것이 무아라고 말하고 있는데 논리적인 과제는 미래 코어를 쓰기 때문이다.

　그런데 어느 날 기적처럼 물 흐르듯이 글이 써졌다는 작가들의 경험은 무아가 아닌가? 아니면 글 쓰는 일은 미래 코어를 사용하지 않는 것인가? 결론적으로는 무아가 맞다. 작가들이 글을 쓰는 과정을 살펴보면 그들은 일상의 경험에서 얻는 통찰을 내면의 캐비닛에 저장한다.[11] 그리고 그들은 글을 쓰기 위하여 이 캐비닛 안의 재료들을 어떻게 엮을지 고민한다. 이 과정에서 미래 코어가 재료들을 논리적으로 엮는다. 여기까지는 무아가 아니다.

　하지만 재료들을 엮을 방법이 확정되면 그 이후는 미래 코어를 끌 수 있다. 노련한 작가들은 문장을 생산하거나, 문장의 품질을 판단하고 검수하는 테크닉에서 자유로워져 있다. 따라서 글의 흐름이 결정된 작가들은 미래 코어를 끄고 현재 코어를 풀가동시키며 글을 써낼 수 있는 것이다. 이것이 작가들의 무아다. 이는 글쓰기뿐만 아니라 미술이나 음악과 같이 다른 장르의 예술에서도 비슷하다.

　다시 하던 얘기로 돌아오자. 우리는 자신의 맥락 바깥에 점을 찍는

---

11) 무라카미 하루키 〈직업으로서의 소설가〉 (양윤옥 옮김, 현대문학, 2016)

창조에 관한 이야기를 하고 있었다. 그런데 어쩌다가 자신의 맥락 바깥에 점이 찍혔다고 하더라도, 이 점은 거의 모든 경우에 인류 맥락 안쪽에 들어 있을 것이다. 우리의 조상들도 바보가 아니기 때문이다. 과거 사람들이 상상도 못했을 최신 맥락을 재료로 한 모델이 아니라면 우리가 만든 이 기발한 모델은 이미 존재하는 모델일 것이다.

이해를 돕기 위해 가상의 숫자를 얘기해 보자. 동시대 0.00001%의 사람들(800명 정도) 정도를 제외하면 우리가 찍어보는 모든 점은 인류 맥락 안에 이미 들어 있다고 생각하면 된다. 물론 800명이라는 숫자에 대한 근거는 없다. 자신이 위대한 모델을 만들었다고 생각되면 호들갑 떨지 말고 일단 전문가에게 물어보자. 이를 빠르게 훈련하기 위해서는 박사과정 진학을 추천한다.

간혹 황홀을 무아 또는 일시적 득도로 착각할 수도 있다. 깨달음을 통해서도 도파민 수용체가 자극을 받아 좋은 느낌을 얻을 수 있기 때문이다. 깨달음에서 온 느낌이기 때문에 왠지 신성하게 느껴져서 무아이지 않을까 생각할 수 있으나, 이는 최대 능력의 개방인 무아와 다른 것이다.

1일 차 요약

- 모든 생각은 모델이다.
- 이성(공감), 안목, 교양을 통해 모델을 채택의 대상으로 다루면
  그 모델에서 독립한다.

정의된 용어

단어	의미
모델	현상에 대응하여 인간이 만들어낸 생각. 즉, 모든 생각
채택	어떤 모델에서 독립한 상태에서 이 모델을 사용하기로 결정하는 것
앙상블	여러 모델을 조합하는 일
인류 맥락	인류의 모든 생각의 합집합
모델의 격(높이)	모델 맥락의 포함관계 + 투표 테크닉으로 정의된 비교관계
독립 / 종속	독립 – 어떤 생각을 모델로 받아들일 수 있는 상태 종속 – 어떤 생각을 모델로 받아들일 수 없는 상태
이성	모델의 구성을 이해하는 능력
공감	이성적 공감 + 정서적 감정이입
안목	모델의 높이를 가늠하는 능력
교양	모델이 다른 모델들과 맺는 관계를 아는 능력
공감의 격	이성적 공감 + 정서적 감정이입의 높이
사람의 격	이성의 격 + 공감의 격

2일 차

최우, 들풀, 2017

세상사를 잊으면 아무런 얽매임이 없어진다.

얽매임이 없으면 마음이 바르고 평안해진다.

마음이 바르고 평안하면 삶이 자연과 더불어 나날이 새롭게 변한다.

삶이 나날이 새롭게 되면 도에 이르렀다고 할 것이다.

―장자 외편 19 중에서

득도의 에센스와 스타일

사람마다 도를 정의하는 방식이 다르고, 도에 이르는 길도 다르므로, '득도 모델'은 득도를 했다는 사람의 수만큼 있을 것이다. 그리고 이 중에는 하나의 어엿한 득도 모델이 되기는 어려운, 득도를 호소하기만 하는 모델도 많을 것이다.

사실 모든 모델은 처음에 그것을 만든 사람의 목소리^{ego}일 뿐이다. 대부분의 경우에는 다른 사람들에 의해 다시 언급되지 못하고 사라진다. 하지만 긴 시간이 지나도 많은 사람들에게 반복적으로 언급되는 모델이 있다면, 그 모델은 보편적 맥락을 가진 모델이라 할 수 있을 것이다. 이런 모델들은 대체로 높은 격을 가진 경우가 많다.

우리가 득도 모델이라고 말하는 것들은 폴 세잔, 마르셀 뒤샹, 노자, 임마누엘 칸트, 루트비히 비트겐슈타인, 예수, 싯다르타와 같이 오랜 시간이 지나서도 많은 사람들에 의해 언급되고 있는 모델들을 염두에 두고 있는 것이다. 물론 이렇게 완전히 다른 도들을 함께 묶어서 다루는 것이 이상하다고 생각할 수도 있다. 하지만 우리가 곧 정의할 '에센스'와 '스타일'을 이해한다면 이들이 그리 다르지 않다는 사실을 알게 될 것이다. 더불어 여러 도를 체계적으로 다룰 수 있을 것이다.

1
에센스와 스타일

에센스는 기본기, 스타일은 기본기의 파괴

어떤 분야가 만들어지는 과정에는 귀납적 측면과 연역적 측면이 공존한다. 귀납적 측면은 관측된 현상들의 패턴을 찾아내서 이론화하는 측면이고, 연역적 측면은 기존 모델들을 논리적으로 조합하여 쌓아 올리는 측면이다.

우리는 하나의 분야가 초기에 확립되는 가상의 경우를 볼 것이다. 그리고 이를 통해 한 분야의 에센스와 스타일에 대한 사회적 합의가 생기는 과정을 확인할 수 있을 것이다. 예를 들어 19세기에 서구식 정장 스타일이라는 분야가 확립되던 시기, 현대물리학 초창기 모델들이 나오던 시기, 또는 단거리 육상에 과학적 기법들이 도입되던 시기를 상상하며 다음의 이야기를 따라가 보자.

어떤 분야든지 모델의 형태가 처음부터 결정되어 있지는 않았다. 훗날 그런 분야가 생길 것이라고는 상상도 하지 않았던 시기에 그저 몇몇 사람들이 비슷한 모델들을 만들며 놀고 있었을 것이다. 친구에게 자신이 만든 새로운 모델을 자랑하기도 하고 친구를 웃기기 위해 장난스러운 모델들도 만들다 보면 이들의 결과물에 관심을 두는 사람들이 조금씩 늘어났을 것이다. 이들은 서로의 모델을 참고하며 점점 많은 맥락이 담긴 해상도 높은 모델을 만들었을 것이다. 그리고 훗날 그중 흥미로운 모델들의 패턴이 발견되기도 했을 것이다. 그러면서 발견한 이 패턴을 설명하는 이론이 만들어졌을 것이고 이를 통해 더 많은 시도가 일어났을 것이다.

이렇게 새로운 패턴이 발견되고 패턴이 이론화되는 사이클이 반복되면서 더욱 많은 사람이 모여들게 된다. 물론 이렇게 하나의 사이클만 도는 것이 아니라 수많은 사이클이 복합적 영향을 주고받으며 함께 형성되는 것이다.

예를 들어 정장 셔츠의 깃을 만들어가는 사이클, 정장 셔츠의 단추 모양을 만들어가는 사이클, 정장 양말의 길이를 만들어가는 사이클들이 서로 복합적 영향을 주고받기도 하고 독립적으로 형성되었을 것이다.

하지만 이런 공통 관심사를 가진 사람들의 모임이 단순한 친목 모임으로 끝나지 않고 하나의 분야라고 부를 수 있을 만큼 견고해지기 위해서는 그 분야의 에센스라는 것이 확립되어야 한다(는 모델에 대해 이야기해 보자).

한 모임 안에서 시간이 흐르며 점점 격이 높은 모델들이 나오다 보면 아직은 그쪽으로 미성숙한 인류 맥락의 경계를 점점 밀어내게 된다. 초기에는 뻔한 시도들도 세계 최초가 되기 때문에 이것이 상대적으로 쉬웠을 것이다. 하지만 점차 많은 맥락이 담긴 흥미로운 모델들이 나오기 시작할 즈음에는 인류 맥락을 밀어내는 속도가 느려졌을 것이다.

흥미로운 모델에 설득력을 만들어낸 요소를 중심으로 모임 내부에서 추구하는 공통적 방향이 형성된다. 그 방향이 흥미롭기 때문이다. 점점 많은 모델이 만들어지면 외부 사람들에게도 이 모임의 범위에 대한 사회적 이해가 생기게 된다. 이렇게 모임의 내부와 외부에서 모델들에 대한 사회적인 이해가 생기면서 분야는 확립된다. 그러다 결국 그 분야에서 인류 맥락의 경계에 있는 위대한 모델들이 나오면 그 모델의 높은 격을 만들어낸 공통 요소가 그 분야에서의 기본기가 된다. 이를 그 분야의 에센스라고 부른다. 어떤 모델이 에센스를 얼마나 완전하게 구현하는지를 그 모델의 에센스의 높이라고 표현한다.

예를 들어 골프공을 잘 치기 위해서는 스윙에 불필요한 힘을 뺄 수 있어야 한다는 말에 반대하는 사람은 아무도 없을 것이다. 노래를 잘 부르기 위해서는 더 정확한 박자와 음정으로 부를 수 있어야 한다는 이야기에 반대하는 사람도 없을 것이다. 처음부터 이렇게 정해져 있던 것은 아니었겠지만 그 분야의 흥미로운 모델들이 그런 공통적 특성을 가지고 있었을 것으로 예측할 수 있다. 이렇게 사회적으로 동의하는 기본기가 그 분야의 에센스이다.

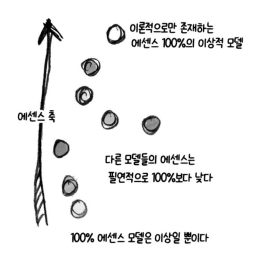

에센스 축

이론적으로만 존재하는
에센스 100%의 이상적 모델

다른 모델들의 에센스는
필연적으로 100%보다 낮다

100% 에센스 모델은 이상일 뿐이다

하지만 100% 완벽한 에센스를 구현하는 일은 불가능하다. 애초에 100% 완벽한 것은 이 세상에 존재할 수 없으므로 순수한 100% 에센스 또한 이론적으로만 존재하는 이상이다. 에센스를 완벽까지 끌어올려서 이상적인 에센스 모델을 만들고자 해도 실제로 구현된 모델들은 이상에서 벗어나 있다. 즉 실제 세상의 모델들은 어떤 방식으로든 에센스가 파괴된 부분이 있다. 물론 에센스나 이상 모두 사회적으로 정의된 개념이기 때문에 여기서 말하는 이상이 진짜 이상은 아니겠지만 말이다.

어떤 모델이 완전한 에센스에서 벗어났다는 것은 그 모델이 에센스를 파괴한 부분이 있음을 뜻한다. 이렇게 에센스가 파괴된 방식을 스타일이라고 부른다.

우리는 일부러 몸의 어떤 부분에 힘을 주면서 골프 스윙을 예쁘게 만들기도 하고 완벽하게 정확한 박자나 음정에서 일부러 벗어나서 자신만의 노래 방식을 만들어내기도 한다. 이렇게 일부러 에센스를 파괴한 부분이 스타일이 된다.

에센스 = 모델의 높은 격을 만들어낸 공통 요소, 그 분야의 기본기

에센스의 높이 = 모델이 에센스를 완전히 구현해낸 정도

스타일 = 에센스가 파괴된 방식

모델의 아름다움은 그 모델의 고유한 결점에서 온다

많은 사람들이 간과하는 사실은 설사 순수한 에센스 모델이 실제로 존재한다고 해도 그것이 별로 흥미롭지는 않을 것이라는 점이다. 이상적인 모델은 너무 쉽게 설명되기 때문에 재미가 없다. 에센스가 정의되었

고 그것이 완벽하게 구현되어 있을 뿐이다.

예를 들어 그림을 사진처럼 실제와 같이 정확하게 그렸다든가 완벽한 박자로 컴퓨터처럼 드럼을 연주한 모델들은 참 잘했다는 이야기 외에는 별로 할 말이 없다. 예술가에게 '기본기는 아주 좋은데 그외에는 더 할 말이 없다'라는 말보다 치욕적인 칭찬이 있을까? 어떤 모델의 아름다움은 그 모델의 고유한 결점에서 온다. 모델의 스타일은 에센스가 파괴된 방식이다.

모델의 스타일 = 에센스가 파괴된 방식

반대로 에센스가 낮은 모델들이 아무리 새로운 방향의 스타일을 가졌다고 하더라도 해상도가 너무 낮아서 흥미롭지 않을 확률이 높다. 그 모델이 얼마나 새로운지를 봐줄 만큼의 해상도도 없다는 뜻이다. 세상이 자신의 완전히 새로운 아이디어를 봐주지 않는다면 최소한의 격이 부족하지 않았나 확인해 봐야 한다. 반대로 모델의 격이 높은데 세상이 이해하지 못하는 상황일 수도 있다. 하지만 다수의 위대한 모델을 이해하고 있는 사람이 만든 모델이 아니라면 모델의 격이 낮다고 추측하면 맞을 것이다. 결국 흥미로운 모델들은 높은 에센스를 가졌으면서도 의도적으로 파괴한 에센스가 다른 모델들과 구별되는 것들이다.

에센스와 스타일을 구분해야 분야를 섭렵한다

어떤 분야를 통달하기 위해서는 그 분야의 에센스와 스타일을 구분할 줄 알아야 한다. 격의 수련은 우리가 현실에서 만나는 모델들을 통해 이루어지고 이 모델들은 모두 스타일이 입혀져 있다. 이때 에센스와 스타일을 구분하지 못한다면 우리가 수련을 위해 쓰는 노력이 에센스를 올리는 데 쓰이는지 스타일(에센스의 파괴)을 올리는 데 쓰이는지 알지 못한다. 스타일의 수련은 에센스의 파괴를 수련하는 것과 같아서 에센스에서 가장 빠른 속도로 멀어지는 행동이라 할 수 있다. 따라서 어떤 분야를 수련할 때는 순수한 에센스 모델인 이론을 먼저 이해하거나 그 분야의 에센스와 스타일을 구분하는 방법을 최대한 이른 시기에 배우는 것이 좋다.

에센스와 분야가 확립되던 시기에서 멀어질수록 순수한 에센스를 접하기는 힘들어진다. 원래의 에센스와 다른 방향의 모델들이 많아지면서 에센스가 주류에서 멀어지기 때문이다.

예를 들어 베토벤의 옆에서 직접 그의 에센스를 보고 들었던 소수의 사람, 그리고 그들의 직계 제자들을 제외하면 원작자인 베토벤의 진정한 의도와는 다른 방식으로 연주하게 될 확률이 높다. 베토벤의 입장에서 현대의 연주자들은 자신의 의도와 상관없는 스타일리시한 연주를 하고 있을 것이다. 현대에는 상업적 성과를 극대화하기 위해 이해하기 쉬운 자극적인 모델들이 득세한다. 따라서 신규 유입자들은 기존의 에센스를 아예 접해보지도 못하는 경우도 많다. 접해보지 못하니, 격의 훈련이 불가능해 에센스를 잃는 분야도 많다. 위대한 재즈 피아니스트가 되고 싶다면서 "빌 에반스가 누군데?"라고 묻기도 한다.

그렇다고 모든 분야가 에센스를 잃어가며 격이 낮아지는 것은 아니다.

분야의 격이 높아지며 건강하게 발전하는 경우도 있다. 격의 관점에서 분야의 건강한 발전이란 기존의 위대한 모델들의 높이에 버금가는 새로운 모델의 선택지가 늘어나는 것이다. 따라서 채택할 수 있는 모델의 범위도 늘어난다. 반대의 상황은 기존의 에센스 모델의 높이보다 한참 낮은 모델만 만들어지면서 분야의 기둥인 에센스 모델이 점점 잊히는 상황이다. 높은 격의 기준이 사라지며 분야 전체의 격이 낮아지게 된다.

2
득도의
에센스와 스타일

어떤 분야를 통달하기 위해서는 에센스와 스타일을 구분할 수 있어야 한다. 따라서 득도를 위해서는 득도의 에센스와 스타일을 구분할 수 있어야 한다.

앞서 에센스를 정의한 방식에 따르면 위대한 득도 모델들의 공통적인 요소가 득도의 에센스가 될 것임을 알 수 있다. 우리는 많은 사람들에게 언급되는 위대한 득도 모델들에서 에센스 모델을 찾을 것이다. 그리고 그 득도 모델들이 에센스를 파괴한 방식들을 통해 다양한 득도의 스타일을 살펴볼 것이다. 이렇게 득도의 에센스와 스타일을 구분하여 이해한 후 득도를 정의할 수 있을 것이다.

미리 소개하자면 득도는 자신이 도달할 수 있는 최대의 득도 에센스를 향해 다가가며 무위로 스타일을 결정하는 상태다.

득도의 에센스는 열반이다

우리는 1일 차에 이성(공감), 안목, 교양을 통해 어떤 모델을 채택의 대상으로 삼을 수 있음을 보았다. 그리고 이것을 독립이라 불렀다. 어떤 모델이 채택의 대상인 경우 그 모델을 대하는 세 가지의 입장을 취할 수 있다. 그것은 채택의 결정, 비채택의 결정, 그리고 채택 여부를 결정하지 않고 채택의 대상으로 남겨놓는 것이다.

불교에서 열반은 모든 번뇌로부터 해방된 상태로 정의된다. 이것을 우리의 언어로 표현하면 열반은 모든 모델을 채택의 대상으로 남겨놓은 상태이다. 이는 아무 모델에도 종속되지 않았으며(모든 모델에서 독립하였으며) 아무 모델도 채택하지 않은 상태이다.

우리는 득도의 에센스를 열반으로 제안한다. 즉 득도의 에센스는 모든 모델에서 독립한 상태에서 아무 모델도 채택하지 않는 것이다. 모든 모델에서 독립했다는 말은 모든 생각을 채택의 대상인 모델로 간주할 수 있다는 뜻이다. 이는 모든 생각을 포용할 수 있다는 뜻이기도 하다. 이렇게 모든 모델이 채택의 대상으로 남아 있다면 아무 모델과도 충돌하지 않는다. 따라서 득도의 에센스를 열반으로 삼은 득도 모델은 기존의 위대한 득도 모델들의 높은 포용의 격을 설명해 준다.

열반 = 모든 모델을 채택의 대상으로 남겨놓은 상태

또한 모든 생각을 모델로 다룰 수 있으면 자신에게 고통을 주는 모델도 한낱 채택의 대상이 된다. 그 때문에 채택하지 않음으로써 고통이 사라진다. 가치체계나 목적도 채택의 대상이기 때문에 채택하지 않음으로써 타인의 모든 평가에서 독립하게 된다. 자기 마음이나 생각에 대한 모델들도 채택의 대상이기에 자신의 욕망과 의식을 지배할 수 있게 된다. 이 외에도 다양하고도 위대한 득도 모델들이 말하는 상태가 따라옴을 계속해서 확인하게 될 것이다.

열반을 득도의 에센스로 채택하는 또 다른 이유는 득도가 자신의 길을 걸을 것인가의 문제이기 때문이다. 거의 모든 사람은 다른 사람의 생각에 종속되어 죽을 때까지 스스로(무료 또는 유료로) 다른 사람들의 길을 대신 걸어간다. 이들은 온전히 자기만의 말을 한 번도 해보지 못하고 어디선가 들었던 다른 사람의 말을 대신 말한다. 이들은 죽을 때까지 단 한 번이라도 온전한 자기 자신으로서 생각하거나, 자기가 진짜로 궁금한 것을 질문하거나, 자신이 받은 질문에 솔직하게 자기 자신으로서 대답해보지 못한다. 다른 사람의 질문을 숙지해 두었다가 언젠가 또 다른 사람에게 질문하여 답을 얻어내고, 그렇게 얻어낸 답을 이해하려고 노력하다가 죽는다. 종속되면 자신의 길은 없다.

　반면 득도인은 한 걸음씩 자신만의 길을 만들어내고 스스로 걷는다. 이 길은 온전한 자기 자신의 독립적인 길이다.

본격적으로 득도에 관해 이야기하기에 앞서 독립을 잘못 이해한 경우들을 살펴보자.

　첫째는 독립이 수단이나 과정이 되지 않고 최종 목적이 된 경우다. '모든 생각이 모델'이나 '절대적 진리는 없다'는 모델은 많은 상황에 활용할 수 있는 간편한 모델이다. 그러나 이 문장에 종속되어 생각을 멈추면 허무주의자가 되고 모델을 부정적으로 활용하게 되면 염세주의자가 된다. 다시 말하지만 득도는 독립에서 멈추지 않고 자신의 길을 걷는 것이다.

또 다른 예시는 일부 불교에서 자신의 목숨을 없애는 '무여의열반(無餘依涅槃)'을 통해 모든 모델에서 독립할 수 있다고 하는 관점이다. 죽어서 존재하지 않게 되면 모델을 채택할 대상인 '나'라는 사람이 없어졌으니 내가 모든 모델에서 독립한 것과 마찬가지라는 관점이다. 이는 내가 어떤 입력도 받아들이지 않는(정의역이 없는) 함수가 되겠다는 말로 해석할 수 있는데 수학에서 정의역이 존재하지 않으면 함수가 아니다. 따라서 무여의열반은 수학적으로 유효한 정의가 아니다.

만약 무여의열반을 정의역을 없앤 것이 아닌 함수 자체를 없애버린 것으로 해석한다고 하더라도 역시 없어진 함수는 함수가 아니기 때문에 득도한 것이라 할 수 없을 것이다. 뒤에서 이야기하겠지만 득도는 오히려 죽음의 반대 개념에 가깝다. 따라서 목숨을 없애는 것이 득도라는 관점은 자연스럽지 않다.

득도는 도착 지점이 아니라 가고 있는 상태다

열반을 했다는 말은 득도 에센스가 100%가 되었다는 말이다. 하지만 이상적 모델이 현실에 존재할 수 없듯이 인간의 열반은 불가능하다. 결국 생존이라는 모델에서 독립할 수 없기 때문이다. 우리는 생존하기 위해 물을 마시기도 하고 생존해야만 물을 마실 수 있기 때문에 나에게

서 생존으로 가든, 생존에서 나로 오든 적어도 한 방향으로는 생존에 종속되어 있다.

따라서 인간은 결국 자기 생존의 질과 양을 늘리는 모델에서 완전히 독립할 수 없다. 과거의 위대한 득도인들도 생존을 위해 물을 마시기도 했고 생존하여 물을 마시기도 했다.

100%의 득도 에센스에 도달하는 것이 불가능하다는 것은 알겠는데 그렇다면 얼마만큼의 에센스에 도달해야 득도라고 할 수 있을까? 답은 99%도 아니고 90%도 아니다. 모든 사람에게 동일하게 적용되는 보편적인 득도의 도착 지점은 없다. 우선 이 책에서 제안할 득도 모델이 어떤 도착 지점이 아니라는 점을 살펴볼 것인데, 이에 대한 힌트를 구약 성경에서도 찾을 수 있다.

구약에서 야훼(신)가 지구로 와서 모세에게 이런저런 일들을 시킨다. 그런데 모세 입장에서는 모르는 사람이 자신에게 일을 시키니 '당신은 누구십니까?'라고 물어본다. 야훼는 정직하고 공손하게 대답한다.

"나는 나다."

영어로는 'I am who I am'이다. 모세는 그 말을 듣고 야훼가 시키는 일들을 순순히 한다. 이 이야기는 구약을 쓴 사람이 웃기려고 넣은 유머가 아니라 히브리어의 'אהיה אשר אהיה(Ehyeh asher ehyeh)'가 그리스어의 'εγο ειμι ο ων'로 잘못 번역되며 원래의 의미를 잃은 것이다. 원래 의미를 해석하면 '나는 내가 되고 싶은 내가 되고 있는 나다'가 된다. 구약은 '내가 되고 싶은 내가 되고 있는 상태'가 바로 신적인 상태 즉 득도한 상태라고 말한다. 이는 득도한 상태가 어떤 도착 지점이 아니라 어딘가로 가고 있는 상태라는 뜻이다. 우리는 이 관점을 채택하여 득도를 어딘가에 도달한 상태가 아니라 어딘가로 가고 있는 상태로 볼 것이다.

그렇다면 득도인은 어디로 가고 있는가? 우리 모두는 잠재적인 득도 에센스의 그릇이 다르다. 따라서 각자 도달할 수 있는 최대 득도 에센스의 도착 지점도 다를 것이다. 자신의 그릇에 따라 누군가는 97%까지 갈 수 있고 누군가는 30%까지 갈 수 있다. 하지만 모두가 자신의 최대 그릇에 도달하는 것은 아니다. 내가 어떻게 살아가는지에 따라 내가 도달할 수 있는 최대 에센스에 도달할 수도 있고 그러지 못할 수도 있다.

'되고 싶은 나'를 내가 잠재적으로 도달할 수 있는 최대 득도 에센스라고 하자. 그렇다면 득도한 상태에서는 내가 잠재적으로 도달할 수 있는 최대 에센스를 향해 가고 있는 상태일 것이다. 내 삶의 선택들에 따라 만들어지는 수많은 평행우주가 있을 것이다. 득도하면 매 순간 그 모든 우주 중에서 내가 최대의 득도 에센스에 도달하게 되는 평행우주를 선택하며 살게 되는 것이다. 이제 우리의 득도 모델을 채택하면 이것이 가능하다는 점을 볼 것이다.

무위(無爲)

아무 모델도 채택하지 않은 상태에서는 이론적으로 모든 행위에 아무런 목적성이 없을 것이다. 열반한 사람의 목적성 없는 행위가 무위의 원래 정의다. 그런데 사실 사람의 행위도 모델이기 때문에 행위의 실행은 모델의 채택이다. 즉 우리가 하는 모든 일은 어떠한 모델을 채택하는 행위다.

열반한 사람이 어떤 행동을 하면 어떤 모델을 채택한 것이니 아무 모델도 채택하지 않은 상태인 열반이 깨지게 된다. 그렇다면 열반은 어떤 행동을 하기만 깨지는 일시적 상태인가? 열반을 유지하기 위해서는 채택한 모델의 채택을 다시 해제하면서 살아가야 하는가?

이 이야기는 100% 열반했다는 이상적인 상태를 현실에서 구현하려고 했을 때의 문제점을 보여준다. 이는 '신이 전능하다면 자신이 들지 못하는 컵을 만들 수 있는가?'의 문제처럼 이상적인 대상의 정의 자체가 지닌 논리적 결함이다. 전능함이 불가능하듯 열반도 불가능하다. 이상은 현실에 존재할 수 없다.

따라서 우리는 득도의 에센스인 열반이 100%가 아닌 상태에서의 무위를 다음과 같이 다시 정의할 것이다.

무위는 채택의 대상인 모델을 채택하는 행위이다.

이 정의에서는 몇몇 모델을 채택한 상태에서도 무위를 할 수 있다. 무위에 대한 우리의 새로운 정의와 원래 정의인 '아무 모델도 채택하지 않은 상태에서 채택의 대상인 모델 채택'의 여러 가지 차이점을 30초간 생각해 보고 다음으로 넘어가자.

무위, 즉 채택의 대상인 모델을 채택하는 일은 거리낌 없이 하고 싶은 대로 행동하는 일이다. 거리낌은 채택의 대상으로 다룰 수 없는 모델을 채택해야 하는 상황에서 나온다. 이때는 결정에 대한 맥락 없이 모델을 믿거나 안 믿거나 믿음을 유보하는 결정을 해야 한다. 이 결정을 하는 순간이 거리낌의 순간이다.

채택의 대상인 모델을 채택하거나 비채택하거나 채택의 대상으로 남겨놓는 일에는 거리낄 것이 없다. 채택의 대상인 모델의 채택 여부를 0.01초의 거리낌도 없이 결정하는 것이 무위다. 반대로 채택의 대상이 아닌 모델을 0.01초의 지체도 없이 채택하는 일은 무위가 아니라 타인의 의도에 종속된 행동 또는 무작위적인 도박일 뿐이다. 4살짜리 아기가 거리낌 없이 '나는 커서 상온 핵융합 엔진의 열효율을 개선하고 싶어요'라고 말을 하면 이것이 인지된 모델 채택이 아니라 삼촌의 말에 종속된 무작위적인 말임을 알 수 있듯이 말이다.

만약 예수가 '네 이웃을 사랑하라'고 했는데 내가 내 이웃을 사랑하기 위해서 3초 정도 고민해야 한다면 이것은 나의 도가 아닌 것이다. 사람마다 경험과 환경이 다르기 때문에 도는 사람마다 완전히 다르다. 나는 예수가 아니니 나의 도는 예수의 도와 다르다. 3초의 거리낌이 필요한 행동은 무위가 아니다. 우리 각자의 도는 예수의 도, 싯다르타의 도, 공자의 도, 노자의 도, 스티브 잡스의 도, 아인슈타인의 도, 존 레넌의 도, 도널드 트럼프의 도와 다르다. 채택의 대상인 모델들이 내가 무위할 수 있는 범위이면 그 안에 있는 모델의 채택에는 거리낄 것이 없다.

더 잘살아 보기 위해(그게 무엇이건 간에) 격이 높다는 다른 사람의 도를 애써서 흉내내려 할 수도 있다. 하지만 누군가를 닮은 삶을 살려는 노력은 무위가 아니라 다른 사람의 도에 스스로 종속되는 일이다.

어떤 문제에 대하여 스스로 생각해서 채택해야만 무위다. 다른 사람의 도를 무작정 따라 하는 종속은 유위다. 높은 격에서 다른 사람의 도를 채택하는 방식으로만 다른 사람의 도를 자신의 도로 가져올 수 있다.

철학을 공부하는 이유도 철학책에 쓰여있는 내용을 숙지하기 위함이 아니라 그 철학자와 비슷한 높이에서 같은 문제에 대해 생각해 보고 자신만의 결론을 내보기 위함이다. 결과적으로 내가 채택하게 되는 모델은 내가 읽은 철학책에서 채택한 모델과 같을 수도 있고 다를 수도 있다.

예를 들어 《열반 3000》이 '모든 생각은 모델'이라고 했다면 진짜로 모든 생각이 모델인지 스스로 생각해서 채택 여부를 결정해야 한다. 그리고 만약 반례로 모델이 아닌 생각을 찾아냈다면 그 생각이 왜 모델이 아닌지를 높은 해상도로 전달할 수 있어야 한다.

득도의 스타일은 모델의 채택이다

우리는 모든 모델을 채택의 대상으로 남겨놓는 것을 득도 에센스로 채택했다. 그러므로 득도 에센스의 파괴인 스타일은 몇몇 모델을 채택하는 것이다. 즉 득도의 스타일은 어떤 모델을 채택할지 비채택할지 그리고 채택의 대상으로 남겨놓을지에 대한 결정들이다.

자신의 스타일을 채택하는 일은 1940년대 실존주의 철학과도 맞닿아 있다. 역사적으로 인류는 꾸준히 본질주의적 가치에서 하나씩 독립해 왔으나 이 시기가 되어서야 정말로 모든 가치가 허상임을 깨닫게 되었다. 그때까지 인류를 지탱해 주던 가치와 믿음들이 사라져 버려 모든 것은 허무해졌다. 이에 장 폴 사르트르Jean-Paul Sartre는 '인간이 자유를 선고받았다'라고도 했다.

실존주의 철학은 모든 믿음이 사라진 허무한 상태에서 자신의 선택을 통해 삶의 의미를 다시 쌓아 올리자고 이야기한다. 원래 이 세상에 의미라는 것은 존재하지 않았지만 자기가 인지하고 만들어가는 선택들이 자기 삶의 의미를 이룬다고 간주하자는 것이다.

의미든 목적이든 불행이든 스스로 모든 것을 책임져야 한다. 우리 언어로 표현하면 채택하기로 한 모델들이 자기 자신을 이루는 것이다. 따라서 실존은 스타일이다.

득도인의 득도 에센스가 고정된 도착 지점이 아니듯 득도인의 스타일 또한 고정된 것이 아니라 살아가며 바뀐다. 만약 어떤 사람에게 이 세상의 모든 모델을 보여준 뒤 그가 어떤 것을 채택하는지를 보면 그의 스타일을 알 수 있을 것으로 생각할 수 있다. 하지만 득도인이 모든 질문에 거리낌 없이 대답할 수 있다고 해서 모든 질문에 대한 대답을 이미 생각해 놓은 것은 아니다. 이렇게 모든 질문에 하나씩 대답하다가는 늙어서 죽을 것이다.

득도인의 스타일은 인생을 살아가며 마주치는 질문들을 하나씩 대답해 나가며 만들어진다. 그들은 몇몇 새로운 모델을 채택하기도 하고 이미 결정한 모델의 채택 여부를 바꾸기도 하면서 끊임없이 스타일을 가꾸어나간다. 득도인은 살아가면서 잠재적으로 자신의 격이 가능한 가장 빠르게 성장하는 길을 걷기 때문에 높아진 격에서 그의 과거 결정들이 대거 바뀌기도 한다. 이러한 스타일의 변화는 죽음과 함께 멈춘다. 죽은 자는 대답을 할 수 없기 때문이다.

채택이 아닌 믿은 모델이 스타일에 어떤 영향을 주는지에 대해서는 이야기할 필요가 없다. 모델을 믿으면 너무 큰 에센스의 파괴가 일어나서 어차피 득도와 관련 없는 사람이 되기 때문이다. 우리의 관심사는 득도인이지 비득도인이 아니다.

어떤 모델을 믿어서 종속되면 나의 격이 그 모델의 격 아래로 떨어지게 된다. 뒤에서 곧 살펴보겠지만 어떤 모델에 종속된다는 것은 이분법적인 세상에서 한쪽 세상으로 들어가는 일이다. 하나의 모델을 믿을 때마다 내가 사는 세계는 절반으로 작아지게 된다. 이 상태에서는 내가 나의 최대 에센스를 향해 가고 있다고(득도를 향하고 있다고) 말하기에는 격의 성장이 너무나도 느려지게 된다.

3
실행 가능한 득도 모델

실현 한계만 상상하면 득도한다

지금까지의 이야기들을 종합하여 우리는 득도를 다음과 같이 정의한다.

> 득도란 자신이 도달할 수 있는 최대의 득도 에센스를 향해 다가가며
> 무위로 스타일을 결정하는 상태

앞서 우리가 이 정의를 만들어가는 과정을 따라가며 독자는 이미 득도에 대해 상당히 깊은 이해를 하게 되었을 것이다. 그동안의 고민에 대한 답이 되었을 수도 있고 이미 자기가 득도한 것이 아닌가 생각하는 독자도

있을 것이다. 하지만 생각의 틀이 생겼다고 해서 득도를 했다고 할 수는 없다. 도착 지점을 알았다고 해서 그곳으로 가고 있다고 할 수는 없다.

위의 득도 정의에는 아주 큰 문제가 있다. 그것은 어떻게 해야 자신의 최대 득도 에센스를 향해 다가갈 수 있는지 그리고 어떻게 무위로 스타일을 결정할 수 있는지를 이야기해 주지 않는다는 점이다.

흔히 경전, 철학 논문이나 위대한 책들에서도 득도에 도달하는 실행 가능한 방법을 알려주지 않는다. 그저 득도한 최종 상태에 대한 묘사들이 대다수이다. 공자 왈 〈논어〉, 예수 가라사대 〈성경〉, 노자 시이성인 〈도덕경〉, 부처님 말씀하시기를 〈법경〉, 득도인은 《열반 3000》 등은 각자의 모델에서 득도한 상태를 묘사한다.

이들은 득도한 상태를 욕심 없는 상태, 고통으로부터 해탈한 상태, 타인을 사랑하는 상태, 자비로운 상태, 무위하는 상태, 자신이 도달할 수 있는 최대의 득도 에센스를 향해 다가가며 무위로 스타일을 결정하는 상태 등 다양한 방식으로 표현한다. 하지만 상태에 대한 묘사는 어떻게 그런 상태가 될 수 있는지 알려주지 않는다. 실행 가능한 방법을 알려주지 않으니 지금까지 지구의 수많은 사람들이 여러 경전을 보람차게 완독했지만 득도하지 못한 것이다.

간혹 실행 가능한 방법을 제시하는 책들도 있다. 하지만 그 방법이 왜 득도로 이어지는지 모호한 경우가 많다. 예를 들어 몇몇 경전들은 호흡에 집중하여 명상하면 득도할 수 있다고 한다. 하지만 호흡에 집중하고 우리의 몸을 인지하고 통제하면 왜 득도하게 되는지를 알기 위해서는 《열반 3000》의 삼매 관련 내용을 비롯하여 요가수트라와 마음 챙김

명상에 대한 긴 책들을 읽어야 한다. 이것들로도 부족하면 종교화되기 전 초기 불교 싯다르타의 가르침이나 모리스 메를로 퐁티^{Maurice Merleau} Ponty의 철학을 공부해야 할지도 모른다. 이렇게 실행 가능한 모델들은 그 모델이 나오게 된 맥락이 흩어져있는 경우가 많다.

과거에도 득도인들이 분명 있었고 득도로 향하는 길에 대한 자료도 많다. 그럼에도 불구하고 아직도 많은 사람들이 득도하지 못하여 고통받고 있다. 이는 곧 득도를 위한 새로운 시도가 필요함을 뜻한다. 물론 사람들이 득도해야 하는 것은 아니고 득도를 원하는 사람들을 위해서는 그렇다는 말이다.

사람들이 득도하지 못하는 이유는 지금까지 실행 가능한 득도의 방법과 그 방법이 득도로 향하는 이유를 동시에 설명한 경우가 없었기 때문이다. 《열반 3000》은 바로 이러한 문제의식에서 기인했다. 이 책에서는 은유 없이 득도를 직접 설명하고 실행 가능한 길을 제시할 것이다.

이제 득도에 이르게 하는 실행 가능한 득도 모델을 하나 소개할 것인데 그 모델을 '김득도'라고 부를 것이다. 독자는 실행 가능한 김득도 모델을 통해서 득도로 향하는 하나의 길을 가지게 될 것이다. 즉 김득도 하면 득도한다. 우리는 김득도를 다음과 같이 정의한다.

<blockquote>김득도는 실현 한계를 상상할 수 있는 상태다.</blockquote>

어떤 모델을 상상(표상)한다는 것은 실물이 존재하지 않는 개념적 모

델의 예시 모델을 머릿속에서 구현하는 일이다.

예를 들어 뒤치닥의 고전 판타지 소설 〈투명드래곤〉에서 주인공인 투명드래곤은 이 세상에 존재하지 않는다. 투명해서 안 보인다는 뜻이 아니라 말 그대로 존재하지 않는다. 따라서 누군가 투명드래곤을 머릿속에 구현했다는 표현보다는 투명드래곤이라고 부를 수도 있는 어떤 모델을 머릿속에서 구현했다고 하는 표현이 더 정확할 것이다. 이 과정을 줄여서 투명드래곤을 상상했다고 말하는 것이다.

지금까지 우리는 인류 맥락을 과거와 현재 시점에서 다뤘는데 이를 미래 시점으로 확장한 개념이 실현 한계다. 실현 한계는 미래의 모든 잠재적 가능성을 통해 발현될 수 있는 모든 잠재적 인류 맥락의 합집합이다. 즉 인류의 현재 시점부터 발생할 수 있는 모든 미래의 평행우주에서 만들어질 수 있는 인류 맥락의 합집합이다.

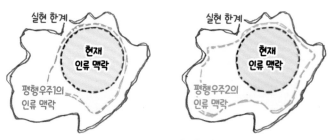

모든 미래 평행우주의 인류 맥락의 합집합인 실현 한계

예를 들어 위의 그림처럼 인류가 3000년 후 평행우주 1에서는 파란색 인류 맥락에 도달하게 되고 20만년 후 평행우주 2에서는 녹색 인류 맥락에 도달하게 될 수 있다. 이와 마찬가지로 인류(사이보그화되었든 데이터화되었든 무엇이건 간에)의 무한히 많은 미래의 경우가 있을 것이다. 실현 한계는 이 모든 도달 가능한 인류 맥락들의 합집합인 가상의 영역이다. 반대로 인류가 아무리 발전해도 도달할 수 없는 점들이 있다면 그 점들은 실현 한계의 바깥에 위치하게 될 것이다.

여기서 몇몇 독자는 미래의 인류 맥락에 무한히 많은 경우가 있을 수 있으니 실현 한계가 무한히 넓어져야 하지 않나 생각할 수 있다. 인류가 도달할 수 있는 무한한 미래에서 모든 점을 정복할 수 있다면 실현 한계 바깥에는 점이 없어야 하기 때문이다. 하지만 모든 무한한 미래의 인류 맥락을 합치더라도 실현 한계는 유한하다. 우리는 이것을 수학적으로 증명할 것이다.

(증명)
한 사람의 생각은 자신의 유한한 인식의 범위를 획기적으로 넘을 수
없기 때문에 유한하고 그의 수명 또한 유한하다.
유한한 것이 유한한 숫자만큼 있으면 아무리 겹치는 부분이 없더라도
총합은 유한하기 때문에 자신의 수명 동안만 생각할 수 있는
한 사람의 격은 유한(bounded)할 수밖에 없다.
같은 논리로 한 사람의 격은 유한한데 존재할 수 있는 사람의 숫자 또한
유한하기 때문에[12] 최대로 발현될 가능성이 있는 개별 인류 맥락의 격도

---

12) 더 이야기하면 잡스러워지므로 에너지가 유한하기 때문이라고만 하겠다. 단어가 어려워보여서 유계를 유한이라 썼다.

유한할 것이다.

마지막으로 아무리 무한한 수의 평행우주가 있더라도

개별 인류 맥락의 격이 유한하기 때문에 그들의 합집합도 유한하다.

따라서 실현 한계는 유한(bounded)하다.

(증명 끝)

김득도는 이 유한한 실현 한계를(=실현 한계의 경계를) 상상할 수 있는 상태다.

간혹 인간이나 인류의 능력이 무한하다고 이야기하는 사람이 있다. 이 말은 주눅 들지 말고 시도를 해보라고 격려하기 위해서 그냥 해본 말이지 진짜로 인간과 인류의 능력이 무한하다는 이야기가 아니다. 발현되는 미래의 경우의 수는 무한하지만 인간이 도달할 수 있는 격은 유한하다.

실현 한계는 인류가 잠재적으로 도달할 수 있는 최대의 격과 인간으로서 도달하는 것이 불가능한 격의 경계다. 그리고 어떠한 방법으로든 이 경계를 상상할 수 있는 상태가 김득도다.

일론 머스크가 화성에 가려는 이유

민간 우주·항공기업 스페이스 X를 설립한 일론 머스크[Elon Musk]는 계속 인류의 생존을 위해 화성에 식민지를 건설해야 한다고 이야기한다. 하지만 아무리 지구의 상태가 안 좋아진다고 하더라도 척박한 화성에 식민지를 건설하는 일보다는 지구 어딘가 지하 도시를 만드는 일이 쉽고 효율적이지 않을까? 인류의 생존만이 목적이라면 화성으로 갈 생각 대신 빠르게 지하 도시를 건설하기 시작하는 것이 나을 것이다.

따라서 단지 생존만을 위해 인류의 화성 진출을 목표한다고 이해하기는 어렵다. 그런데 생존이 아니라면 인류가 굳이 힘들게 화성 또는 우주로 진출하려는 이유를 어떻게 설명해야 할까?

이에 대한 이야기를 하기 위해 하나의 이론을 소개한다. 심리학의 자기결정성 이론SDT은 인간의 행복이 유능, 자율, 관계에서 온다고 말한다. 따라서 행복, 유능, 자율의 추구가 자연스러운 현상이라는 것이다.

유능은 인간이 자신의 의도로 외부의 변화를 야기할 수 있음을 지각하고 싶어 하는 욕구다.

예를 들어 아기들은 손가락으로 어른을 찌를 때 어른이 반응해 주는 것을 즐거워한다. 문제는 아기들이 이것을 6시간 동안 반복해도 재미있어야 한다는 점인데, 아기는 자신의 의도에 의해 어른이 변화하는 모습에서 오는 유능감을 즐기고 있는 것이다.

자율은 자신의 선택에 의하여 자기 삶이 얼마나 주도될 수 있는가에 대한 이야기다. 어떤 사람은 모든 것을 스스로 결정하는 완전한 자율을 원할 수 있고. 어떤 사람은 몇 가지는 정해져 있기를 원할 수 있다. 이처럼 사람마다 원하는 자율의 정도가 있고 자신이 원하는 자율의 정도에 가까울수록 행복하다.

관계는 사회적으로 배제되지 않아야 행복할 수 있다는 것을 이야기한다. 사회적 배제가 신체적 고통과 같다는 사이버볼Cyber ball 실험이 유명하다.

화성에 진출하고자 하는 욕구는 실현 한계에 대한 상상을 넓히려는, 즉 '김득도하고 싶다'는 모델로 설명될 수 있다. 화성 진출을 위해 인류는 우선 화성에 갈 수 있는 능력을 갖춰야 하고 그다음에 갖춘 능력으로 실제로 화성에 가야 한다. 인류가 화성에 갈 수 있는 능력을 갖추게 되는 과정에서 화성에 갈 수 없는 인류 맥락은 화성에 갈 수 있는 상태의 인류 맥락으로 넓어질 것이다. 이후 만약 실제로 화성에 진출하게 된다면 인류는 더 많은 현상을 관측할 수 있게 될 것이다. 또한 화성에서의 생존을 위한 다양한 문제들을 해결하기 위한 모델들을 만들어낼 것이다. 그리고 화성 진출은 인류가 이후 더 넓은 우주로 진출하기 위한 새로운 에너지원에 접근할 수 있게 해주기도 할 것이다.

이러한 사이클이 반복되며 인류는 관측할 수 있는 영역, 공학적으로 이동할 수 있는 영역, 사용할 수 있는 에너지원의 영역을 넓혀가며 실현 한계의 비어 있는 부분들을 조금씩 해금하게 될 것이다.

따라서 화성 프로젝트는 생존만을 위한 일이 아니다. 인류의 공학적인 성취도를 올리는 소박한 일도 아니다. 이는 인류가 실현 한계에 다가가는 위대한 일인 것이다.

실현 한계에 대한 상상은 정교해지기만 한다

득도가 그렇듯 김득도 또한 도착 지점이기도 하면서 어딘가로 가고 있는 상태다. 그 이유는 김득도한 이후에도 실현 한계에 대한 상상이 끊임없이 정교해지기 때문이다.

오늘 내가 실현 한계에 대해 상상을 하더라도 내일의 상상은 더 많은 맥락이 있는 더 높은 상상이다. 신체가 훼손되는 사고로 생각의 연속성이 깨지지 않는 한 살면서 자신의 맥락은 쌓이기만 하기 때문이다.

몇몇 독자는 맥락이 쌓이기만 하는 것은 아니지 않나 생각할 수도 있다. 우리는 분명히 잃어버리는 기억들이 있지 않은가? 어떤 책을 읽었는데 그 내용이 기억나지 않으면 그 책은 읽은 책인가 안 읽은 책인가? 어젯밤 번뜩이는 아이디어가 떠올랐는데 오늘 기억나지 않으면 그 아이디어는 존재하는 것인가 존재하지 않는 것인가?

읽은 책의 내용을 잊어버린 경우에도 그 책은 안 읽은 책보다는 읽은 책에 가깝다. 생각했던 아이디어를 잊어버린 경우에도 그 아이디어는 존재하는 아이디어에 가깝다. 책을 읽으면서 뚫었던 생각의 길이 남아있고 아이디어의 점이 대강 어느 위치에 존재한다는 사실을 알기 때문이다. 책의 텍스트는 전달하고자 하는 메시지를 담고 있으며 그것을 전달한 후 먼지처럼 흩어진다. 메시지를 전달받은 우리는 그 메시지에 대해 생각하게 되고 우리의 머릿속에는 그에 관한 생각을 해봤던 길이 남는다.

미카엘 하네케^{Michael Haneke}의 영화 〈아무르〉는 뇌졸중에 걸린 아내의 수발을 드는 노인의 이야기다. 이 영화를 통해 감상자는 남편 조르주나 아내 안느에 감정 이입을 하기도 하고 자신의 상황에 대입하여 미래에 어떻게 행동할지 상상해 볼 수 있다. 또한 죽음이나 기억, 사랑과 행복, 권리와 의무에 대한 여러 가지 문제들에 관해서도 생각해 볼 수 있다. 영화를 봤다는 경험은 영화의 줄거리를 따라가 본 경험이 아니라 이러한 영화의 메시지에 관한 생각을 해본 경험을 의미한다.

영화를 본 지 몇 년이 지나면 조르주와 안느가 음악가 출신이었다는 사실이나 극 중 딸이 제자인 피아니스트 알렉상드르를 데려오는 내용은 보통 잊게 된다. 하지만 영화에 담긴 메시지와 이야기들을 재료로 스스로 생각해 본 경험들은 남아있다. 당시 영화를 보며 생각했던 과정이나 결론을 잊어버렸더라도 이후 같은 주제에 대해 더 수월하게 생각할 수 있게 된다. 따라서 영화의 이야기를 모두 잊었어도 이 영화는 본 영화다.

마찬가지로 이해했었지만 잊어버린 개념도 이해해 본 개념이고 생각해 봤지만 잊어버린 생각도 생각해 본 생각이고 실현 한계에 대해 상상을 해봤지만 잊어버린 상상도 해본 상상이다. 따라서 실현 한계에 대한 상상은 정교해지기만 한다.

한 번 높아진 격은 낮아질 수 없다. 우리는 태어나서 실현 한계에 대해 첫 상상을 해내는 순간 김득도하게 되고 그때부터는 실현 한계에 대한 상상이 점점 크고 정교해지기 시작한다.

4
김득도와 득도

김득도 정의의 탁월함은 득도를 향해 실제로 걸을 수 있는 길을 제시한다는 점에 있다. 인간이 만들어낼 수 있는 생각의 한계를 상상하면 그 모든 생각이 만들어졌다는 사실을 알게 되며 득도하는 것이다. 이는 쉽지는 않지만 단순한 길이다.

우리는 우선 김득도가 득도를 만들어준다는 사실을 이야기할 것이

126

다. 득도의 정의를 바탕으로 우리는 두 가지를 확인하면 된다. 하나는 실현 한계에 대한 상상이 자신이 도달할 수 있는 최대의 득도 에센스에 도달하게 해준다는 것이다. 다른 하나는 실현 한계에 대한 상상이 자신의 최대 무위 영역을 만들어준다는 점이다.

김득도로 최대 득도 에센스에 도달하기

실현 한계에 대한 상상은 곧 존재할 수 있는 모든 생각의 범위에 대한 상상이다. 지금까지의 이야기를 통해 우리는 상상할 수 있는 모든 생각을 모델로 간주할 수 있게 되었다. 따라서 우리가 실현 한계를 상상하면 그 안의 모든 생각들을 채택의 대상으로 삼을 수 있게 되고 결과적으로 그 생각들에서 독립하게 된다.

만약 우리가 모델로 간주할 수 없는 믿음의 대상이 있다면 그것은 우리가 상상할 수 없는 생각일 것이다. 어떤 것을 생각하거나 상상했다면 그것은 모델이다. 더 정교하게 생각하거나 상상하면 더 정교한 모델일 뿐이다.

우리는 우선 김득도가 최대의 득도 에센스로 도달하게 해준다는 이야기를 할 것이다. 이를 통해 독립에 대해 더 깊은 이해를 하게 될 것이다. 노자의 유무상생을 표현한 다음 그림을 통해 이야기해 보자.

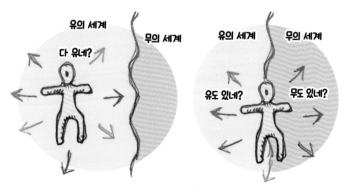

유무 상생의 대립면의 경계

생각하고자 하는 대상에 관하여 유(있음)의 측면과 무(없음)의 측면이 있다고 가정하자. 달리 말하면 어떤 대상에 대한 유의 세계와 무의 세계가 있다고 하자. 이 예시에서 유와 무가 무엇인지는 중요하지 않다. 일반적인 A의 세계와 not A의 세계에 관한 이야기를 편의를 위해 유와 무라고 하는 중이다. 착한/착하지는 않은, 윤리적인/윤리적이지는 않은, 맑은/맑지는 않은, 합리적인/합리적이지는 않은, 천국/지옥 등 각자 원하는 이항대립을 생각하며 읽으면 된다.

왼쪽 그림처럼 우리가 유의 세계 안쪽에 서 있으면 우리의 주변은 모두 유다. 우리의 주변이 모두 유이기 때문에 우리에게는 유밖에 보이지 않고 무의 세계가 존재한다는 사실을 인지하지 못한다. 즉 우리는 유에 종속된다. 똑같이 우리가 무의 세계 안쪽에 서 있으면 우리는 무에 종속된다. 이러한 유의 세계와 무의 세계는 명확한 기준으로 나뉘는 것이 아니기 때문에 그림에서는 그 경계를 반듯하게 자르지 않고 대립

128

면이 소용돌이치는 것처럼 표현하였다.

한쪽 세계의 종속을 벗어나는 방법은 다음과 같다. 유의 세계에 있던 우리가 유에 대한 믿음을 버리기 위해 노력하다 보면 언젠가 유와 무의 소용돌이치는 대립 면의 근처에 도착하게 된다. 이때 다시 유의 편안함으로 돌아가고 싶은 생각을 참고 힘겹게 소용돌이 속으로 걸어간다. 그러면 마침내 대립 면에 도착한 우리는 양쪽의 세계를 볼 수 있게 된다. 그리고 비로소 우리는 유의 세계와 무의 세계가 공존하고 있다는 사실을 눈으로 보게 된다.

이처럼 유무에 대한 하나의 모델에서 독립하면 내가 사는 세계는 2배 넓어진다.[13] 내가 살고 있는 세계, 내가 상상할 수 있는 세계인 실현 한계는 내가 하나의 모델에서 독립할 때마다 2배씩 넓어진다.

그런데 나를 성장시켜 줄 모델들은 내가 상상할 수 있는 실현 한계에 있는 모델들이다. 내가 종속된 모델들은 나를 성장시켜 주지 않는다. 채택의 대상인 모델들만이 나의 격을 성장시켜 줄 수 있다.

따라서 상상의 실현 한계가 넓을수록 득도 에센스의 성장도 빠르다. 이를 모델로부터 독립하는 일이 자신의 최대 득도 에센스로 가는 길의 장애물을 없애준다고 표현할 수 있다. 모든 모델에서 독립하면 득도로 향한 가장 빠른 길을 달리게 된다. 따라서 김득도는 내가 최대의 득도 에센스를 가지게 되는 평행우주를 선택하는 일과 같다.

---

13) 모든 모델에서 독립하면 정말 수학적으로 딱 2배 넓어진다. 어떤 공간을 조건으로 나누면 2배 좁아진다.

김득도로 가장 자유로운 스타일을 만든다

스타일은 믿는 모델이 아니라 채택한 모델들로 정의된다. 어떤 모델을 채택하는 것은 그 모델의 세계와 그 모델이 아닌 세계의 대립 면의 경계에서 한쪽을 바라보는 것이다. 반대로 어떤 모델을 믿는 것은 그 모델이 들어 있는 한쪽 세계의 안쪽으로 들어가 버리는 것이다. 대립 면의 가운데에 서 있다가 상황에 따라 원하는 쪽을 바라본 상태에서 그 안의 모델을 채택할 수 있어야 내가 사는 세계가 2배로 줄어들지 않는다. 한쪽 세계 안으로 들어가 버리면 그 세계의 모델들밖에 활용하지 못한다.

우리는 앞서 어느 시점의 스타일이 살아가면서 끊임없이 바뀌게 된다는 점을 보았다. 여기에는 이미 채택한 모델의 채택 여부가 바뀌기도 한다는 말 역시 포함된다. 득도인이라면 응당 과거의 입장을 번복하면 안 된다고 생각하는 독자가 있을 수 있으나 입장 번복의 여부는 득도의 여부와 관련이 없다. 득도인들은 그 시점의 무위로 모델의 채택 여부를 다시 결정할 뿐이다.

과거나 지금이나 매 순간 무위하기 때문에 과거의 선택은 과거에 옳았고 지금의 선택도 지금 옳은 것이다. 이렇게 시점마다 스타일이 변해온 과정을 모두 모은 것이 그 사람의 스타일이다.

모든 행동은 모델의 채택이다. 때문에 나에게 채택의 대상인 영역이 넓을수록 내가 스스로 스타일을 결정할 수 있는 모델의 영역 또한 넓어진다. 자기 잠재력을 기준으로 이 영역이 가장 넓은 것이 실현 한계에 대한 상상이다.

따라서 김득도를 통해 가장 자유롭게 행동할 수 있는 영역이 넓어진다. 이를 무위의 영역이라 부르고 그 안에서의 무위의 결과가 스타일인 것이다.

결과적으로 실현 한계를 상상할 수 있으면 자신이 진정 원하는 것을 아는 상태, 자기 잠재력의 방향을 인지하여 최대로 발현하는 상태, 자신의 가능성과 운명을 스스로 결정하는 상태, 무슨 질문이든 독립적인 자신으로서 대답할 수 있는 상태 등 여러 가지 효과가 논리적으로 따라온다.

이제는 실현 한계가 무위의 영역을 가장 넓혀준다는 데에서 출발하여 왜 그렇게 되는지 독자가 스스로 논증할 수도 있을 것이다. 일희일비하지 않는 상태, 타인의 아픔에 공감할 수 있는 상태, 타인을 사랑하는 상태, 항상 솔직할 수 있는 상태 등 더 소박한 효과들도 자동으로 따라온다.

즉 김득도를 하면 타 득도 모델에서 말하는 상태들이 자동으로 따라온다.

김득도를 위한 격의 훈련

누구나 곧바로 실현 한계를 상상할 수 있다면 좋겠지만 김득도가 그렇게 쉬웠다면 이런 책이 나오지도 않았을 것이다.

실현 한계에 대한 첫 상상을 만들기 위해서는 사람에 따라 격의 훈련이 필요할 수도 있다. 튼튼한 골조 없이 큰 건물이 올라갈 수 없듯 정교한 언어 없이 정교한 생각을 할 수 없기 때문이다.

우선 인류 맥락을 상상할 수 있어야 한다. 실현 한계는 넓어진 인류 맥락이기 때문에 인류 맥락의 경계에 대한 상상 없이 실현 한계에 대한 상상도 할 수 없기 때문이다. 즉 인류 맥락의 경계에 대한 상상이 실현 한계 상상의 기본이다.

만약 현재 시점의 인류 맥락의 경계에 있는 위대한 모델을 하나도 채택의 대상으로 가지고 있지 않다면 아직 김득도할 수 있는 격에 미치지 못한 상태다. 즉 위대한 모델을 하나도 구현하지 못하고, 안목으로 알아보지 못하고, 교양으로 위치를 알지 못했다면 아직 실현 한계를 상상할 준비가 되지 않은 것이다.

예를 들어 칸트의 〈순수이성비판〉을 읽을 능력도 없는 사람은 인류 맥락의 경계에 있을 법한 해상도 높은 생각을 해낼 수 없을 것이다. 물론 〈순수이성비판〉을 읽어서 이해할 수 있는지의 여부가 중요한 것이지 실제로 그것을 읽었는지의 여부가 중요한 것은 아니다. 이와 비슷한 이성의 높이를 요구하는 책들로는 비트겐슈타인의 '논리-철학 논고', 대학교 위상수학 교과서가 대표적일 것이다.

앞서 예시로 들었던 4살짜리 아이가 "나는 커서 상온 핵융합 엔진의 열효율을 개선하고 싶어요"라고 말한 경우를 통해 격의 부족을 더 잘 이해할 수 있다. 아이의 교육을 위해서 왜 그런 일을 하고 싶은지 물어보며 대화를 이어 나갈 수도 있겠으나 우리는 이미 아이의 말이 인지하고 한 것이라기보다는 무작위적으로 나온 말에 가깝다는 것을 안다. 이렇게 어떤 일을 하기 전에 그에 필요한 격부터 갖춰야 하는 때가 있을 수 있다. 김득도를 위해서도 필요한 격이 있는 것이다. 하지만 무조건이라는 것은 없으니 혹시 4살에 핵융합 엔진의 원리를 이해한 고용량 아이가 발견되면 인스타그램 @oringnation으로 제보를 부탁한다.

격의 부족에 대한 다른 예시를 들어보자. 어떤 높은 모델을 접했을 때 "나는 네가 무슨 말을 하는지 하나도 모르겠어. 안 해!"와 "네가 무슨 말을 하는지 알겠는데 나는 그것을 채택하지 않겠어"라고 대답하는 것은 완전히 다르다. 전자의 경우는 이 모델을 채택의 대상으로 다룰 역량이 없는 사람이 모델을 믿지 않겠다고 소리[14]를 지른 경우다. 이런 사람은 모델을 믿어도 모델에 종속된 것이고 안 믿어도 반대모델에 종속된 것이다.

물론 이러한 종속이 나쁜 것은 아니다. 이성이 약하면 모델에 종속되는 현상이 발생할 수 있다고 이야기하는 것이지 이 세상에 좋고 나쁜 것은 없다. 누군가가 격을 올려야 한다거나 득도해야 한다는 보편적 근거는 없다. 하지만 득도하기를 원한다면 어떤 방식으로든 그에 필요한 격을 만들어내야 하는 것은 사실이다.

득도를 원하는데도 하지 못하는 사람들의 흔한 특징은 그들이 격이 높은 모델을 피한다는 점이다. 그들은 득도에 필요한 격을 만들어내지 않는다. 애초에 그런 사람들은 여기까지 오기 전에 이미 《열반 3000》을 읽는 것도 포기했을 것이다. 그래서 이제야 말할 수 있는 것이지만 그들은 따뜻한 대중서들에서 위로받고 자기계발서를 읽었다는 성취감만을 얻으며 철학서나 경전은 절대 읽지 않는다. 동기부여 동영상에 관한 이야기도 빼놓을 수 없다. 하지만 어떤 높이의 깨달음을 얻으려면 그 높이의 모델들을 접해야 한다.

---

14) 유교의 영향으로 한국에서는 '이치에 맞지 않는 말'은 말의 자격을 상실하여 소리라고 부른다. 한국인이 유교로부터 받은 영향에 대해서는 오구라 기조의 〈한국은 하나의 철학이다〉(조성환 옮김, 모시는사람들, 2017)를 참고할 수 있다.

수련의 과정은 누구에게나 고통스러운 과정이다. 따라서 힘들다는 이유로 '나는 안 되나 보다'라고 생각하는 것은 틀렸다. 이 과정은 누구에게나 힘든 것이다. 각자 자신에게 너무 높지 않은 모델을 통해 수련해야 한다. 만약 격이 높은 사람이 있다면 그는 이런 고통스러운 수련의 과정을 참아낸 사람이다.

이러한 수련은 학창 시절에 버텨내기가 훨씬 쉽다. 강제로 시험을 봐야 하는 환경이 아니고서야 고통을 감내할 동기를 유지하기 힘들기 때문이다. 많은 사람이 공부든 취미든(피아노라든가) 학창 시절에 하지 않은 것을 후회하는 이유도 성인이 된 이후의 동기를 유지하기 힘들기 때문이다. 하지만 그렇다고 성인들이 이미 득도하기에 늦었다는 것은 아니다. 고통을 감내할 동기만 유지할 수 있다면 아무 문제가 없다. 정말로 그럴 수만 있다면….

하지만 이러한 동기를 특히 유지하기 힘든 환경들이 있다. 격의 수련에 있어서 자신이 처한 환경은 아주 중요하다. 특히 모델에 대한 믿음을 지켜야 하는 관습적인 분야에서는 격을 수련하기 힘들다. 왜냐하면 그 분야에서 믿음(생각의 그만둠)을 습관화하도록 요구하기 때문이다. 이러한 분야의 사람들은 격의 확장이 거의 일어나지 않기 때문에 평생 낮은 격의 사람들끼리만 관계하며 낮은 격으로만 행동할 확률이 높다. 죽을 때까지 그냥 습관적으로 사는 것이다.

하지만 특정 분야의 사람들이 잘못 살고 있다는 이야기는 아니다. 그 증거로 격이 낮은 것이 나쁜 것이 아니고 꼭 득도해야 하는 것은 아니라는 점을 책 전체에 걸쳐 끊임없이 강조하고 있지 않은가?

이성의 높이와 상관없이 이미 인류 맥락의 경계에 있을 법한 강력한 공감을 가진 극소수의 사람들도 있다. 이들은 굳이 힘들게 이성을 수련하지 않아도 득도를 위한 격을 어느 정도 가지고 있는 특별한 사람들이다. 그들은 그냥 이미 그렇게 되어 있어서 더 설명할 수 있는 말도 없다. 이런 사람들이 이성까지 강해지면 신적인 존재가 될 것이다.

인지하고 하는 모든 행동은 수련이 된다.

수영은 내가 물을 뒤쪽으로 밀어내는 만큼 작용-반작용의 법칙에 따라 나의 몸이 앞으로 가는 운동이다. 그러므로 누군가의 헤엄이 빠르다는 것은 같은 시간 동안 더 많은 물을 뒤쪽으로 보낸다는 뜻이다. 수영 능력의 모델로 '물을 효과적으로 뒤로 보내는 능력'을 채택하고 이야기해 보자.

수영 능력에 대한 이 모델을 접해봤는지에 따라 수영 연습을 하는 양상이 달라질 수 있다. 예를 들어 이 모델을 접해본 사람은 혹시 내가 팔을 움직이면서 물을 뒤쪽이 아닌 위나 아래쪽으로 밀어내면서 힘을 낭비하고 있지는 않은지, 최대한 팔로 많은 물을 잡아서 뒤로 보내고 있는지, 불필요한 힘이 들어가 팔을 멀리 못 뻗고 있지 않은지, 하체가 가라앉아서 저항이 커지지 않는지, 큰 에너지를 내기 위해 큰 근육을 잘 활용하고 있는지 등을 스스로 생각할 수 있게 된다. 이 모든 생각들이 물을 뒤로 잘 보내기 위한 모델에서 나오기 때문이다.

이 모델을 이해한 사람은 스스로 물을 뒤로 더 잘 밀어내기 위한 생각을 하면서 시간이 지날수록 실제로 물을 뒤로 잘 밀어내게 될 것이다. 그리고 10년 후 그의 수영 효율에는 큰 개선이 있을 것이다. 반대로 이 모델을 생각해 보지 않고 10년간 연습한 사람의 자세 효율은 어떨지 알 수 없다. 우리가 지금 알 수 있는 점은 그의 근력과 심폐지구력만큼은 일품일 것이라는 사실이다.

수영 이야기를 김득도에 똑같이 적용할 수 있다. 수영 능력이 무엇인지 아는 것만으로도 수영 능력이 올라가는 것처럼 실현 한계를 상상한다는 것이 무엇인지 아는 것만으로도 실현 한계에 대한 상상이 좋아진다.
　결과적으로《열반 3000》을 읽었다는 이유만으로 이성, 공감의 높이가 올라가게 되며 격이 높은 모델을 알아보고 이해하고 구현하고 창조하는 능력에 긍정적인 영향을 받게 된다. 모델의 격에 대한 정의를 아는 것만으로도 자신의 격이 올라갈 것이다. 또한 일상에서 접하게 되는 모델의 격도 인지하게 되며 점점 높은 모델들을 접하게 될 것이고 실현 한계의 상상에 대한 해상도 또한 높아질 것이다.

여기서 시간이 더 지나면 조상들이 만들어놓은 인류 맥락의 위대함 그리고 자연의 위대함도 느끼게 될 것이다. 그러면서 자신의 격이 그렇게 낮지도 않다는 사실도 알게 될 것이고 어쩌다 인류 맥락을 꿰뚫어 볼 수 있는 모델을 만들 수도 있다.
　이 모든 일은《열반 3000》을 읽었다는 이유만으로 시작되는 일들이다. 그 이후에는 자신의 행동을 인지하며 살기만 하면 된다.

추상화하여 이야기하면 다음과 같다. 아는 만큼 보인다. 보이는 만큼 배운다. 의식하고 하는 모든 행위는 수련이 된다. 격이 성장하는 속도는 얼마나 정성껏 살고 있는가와 같다.

5
실현 한계 상상하기 (김득도 하기)

우리는 드디어 실현 한계의 상상을 시작할 것이다. 실현 한계는 존재하는 것이 아니기 때문에 재현의 대상이 아니라 상상해야 하는 대상이다. 여기서는 실현 한계의 상상을 시작할 수 있는 수학적 접근을 소개할 것이다.

실현 한계에 대해 상상하는 방법도 상상의 결과도 사람마다 완전히 다를 것이다. 그러나 어떻게든 상상했다면 모두 똑같이 김득도한 것이니, 소개할 방법을 참고하여 자신만의 상상을 시작하면 된다. 여기서 소개하는 수학적 접근은 다음과 같다.

다음 모식도는 지금까지 우리가 이야기한 개념들의 위계를 정리한 것이다. 오른쪽으로 갈수록 '현재 시점의 인류 맥락 → 실현 한계 → 인류가 도달할 수 없는 영역'처럼 더 큰 맥락이 된다. 위로 갈수록 더 강한 능력이다.

어떤 모델의 구조를 상상할 수 있으면 그 모델의 높이를 볼 수 있고 어떤 모델을 재현(완전히 구현)할 수 있으면 그 모델을 상상할 수 있다는 관계를 나타낸 것이다.

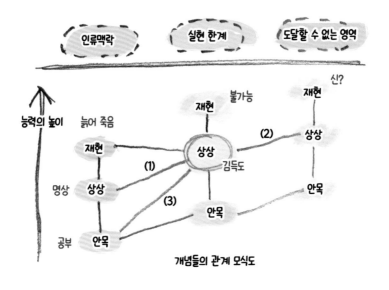

개념들의 관계 모식도

작은 세계에서 큰 세계로 김득도

이제 진짜로 실현 한계의 상상을 시작해 보자. 우리는 두 가지 수학적 아이디어에 기반하여 모식도를 활용할 것이다. 첫 번째는 샌드위치 정리Sandwich theorem이고 두 번째는 외삽 extrapolation이다.

　샌드위치 정리는 미적분학에서 극한의 성질에 관한 정리이다. 개념을 대강 쓰자면 a<b<c인데 a=c이면 a=b=c라는 것이다. 우리가 b의 값을 알고 싶을 때 그보다 작은 a와 큰 c를 찾았는데 알고 보니 a와 c가 같았다면 a, b, c가 모두 같다는 것이다. 여기서 a와 c가 빵이고 b가 야채와 햄 같은 속 재료라고 생각하면 수식이 양쪽 빵으로 속 재료를 눌러서 샌드위치를 만드는 것 같은 모양이 되어서 샌드위치 정리라고 불린다.

우리는 '실현 한계의 상상'을 샌드위치의 속 재료라고 간주하고 그것을 누를 수 있는 빵들을 찾을 것이다. 실현 한계는 인류가 이미 도달한 인류 맥락보다는 크고 인류가 도달할 수 없는 영역보다는 작다.[15]

따라서 아래의 그림처럼 인류 맥락의 상상을 왼쪽 빵으로 정하고 도달할 수 없는 영역의 상상을 오른쪽 빵으로 정할 것이다. 이 두 빵으로 중간의 실현 한계를 누르면 우리는 실현 한계를 상상할 수 있게 되어 김득도하게 된다. 이는 모식도에서의 1, 2번 화살표에 해당한다.

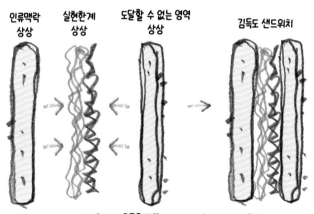

가운데 내용물을 양쪽 빵으로 누르는 샌드위치 정리

모식도의 1번 화살표인 왼쪽 빵은 외삽을 이용하여 오른쪽으로 밀어낼 수 있다. 외삽은 지금까지 나타난 패턴이 미래에도 나타난다는 가정으로 미래의 현상을 예측하는 수학적 기법이다. 이를 이용하여 인간이 도달할 수 있는 격의 끝을 다음과 같이 상상할 수 있다.

---

15) 수학적으로 정확한 표현은 아니지만 더 이야기하면 잡스러워지므로 이렇게까지만 쓰겠다.

우선 한 분야에서 위대한 모델이 만들어진 맥락을 이해했다고 가정하자. 그렇다면 다른 분야에서도 이와 비슷한 높이의 맥락이 만들어질 수 있음을 상상할 수 있을 것이다. '이쪽 분야의 위대한 모델들은 구조가 이만큼 정교하고 이만큼 많은 맥락을 고려했으니 저쪽 분야에서의 위대한 모델도 비슷한 정도이지 않을까' 처럼 말이다.

모델들은 개인들의 능력, 환경, 교육, 경험 등 다양한 요인이 작용한 삶을 통해서 만들어진다. 따라서 이런 다양한 요인들의 역학 관계가 완전히 다르지 않다면 다른 분야에서도 잠재적으로 만들어질 수 있는 모델의 격에 대한 추측이 가능하다. '알베르트 아인슈타인이 이 정도로 많은 생각들을 통해 모델들을 만들었으니 이 정도의 피아노 연주가 인류의 최정점에 있는 피아노 연주는 아니지 않을까'하는 식으로 말이다.

또 다른 예시로 한 분야의 교육 시스템이 시대에 따라 바뀌는 과정을 살펴볼 수 있다. 잊힌 모델들도 있겠지만 인류 맥락은 점점 커져 왔다. 어떤 분야가 확립될 초기에는 아직 쌓인 맥락이 많지 않기 때문에 20살까지만 공부해도 분야 전체의 맥락을 아는 전문가가 될 수 있었던 시절도 있었을 것이다.

디오니소스^{Dionysus}가 실수로 밟은 포도를 마셔 오묘한 맛을 느꼈을 시절에는 와인을 만드는 기술에 대한 맥락이 거의 없었을 것이다. 예를 들어 밟은 포도를 서늘한 곳에 보관하라는 정도의 맥락밖에 없었을 것이다.

하지만 점점 많은 포도가 밟히면서 더 다양한 지식이 만들어지며 분야 전체의 맥락을 섭렵할 수 있게 되는 나이도 점점 높아졌을 것이다.

다양한 포도 품종들의 특징과 재배법, 와인 제조를 위한 장비, 숙성 기술과 보관법에 대한 맥락들이 쌓이며 60살이 되어도 이 모든 맥락을 공부하기 어려워진 시기도 있었을 것이다.

그런데 분야에 맥락이 더 쌓여서 전문가가 될 수 있는 나이가 100살까지 올라간다면 어떻게 될까? 기존의 내용을 학습하는 동안 노화로 인한 사망에 이를 것이다. 그러면 더 이상 새로운 맥락을 만들어낼 수 있는 여지는 없어지는 것인가? 이 분야의 발전은 끝난 것인가? 이 논리를 모든 분야에 적용하면 우리는 방금 인류의 발전 속도가 점점 느려지다가 어떤 한계에 부딪히며 멈출 수밖에 없다는 사실을 증명한 것인가?

그렇다. 당신은 속은 것이다. 이런 얕은 모델에 넘어간 독자는 없기를 바란다. 시간이 지나도 분야의 발전은 멈추지 않는다. 그 이유는 분야의 맥락이 쌓일수록 적은 시간에 더 많은 맥락을 섭렵하도록 분야의 지식 체계가 추상화되기 때문이다. 더 많은 현상이 관측되지만 그에 맞춰서 그 현상들을 아우르는 더 범용적인 모델들이 발명된다.

분야의 발전이 멈추지 않는 또 다른 이유는 기초 학습을 위해 요구되는 시간이 길어질수록 사람들은 더 좁은 영역에 전문화하는 방식으로 적응하기 때문이다. 아래 그림과 같이 기본적으로 알아야 하는 지식의 양을 줄이더라도 전문화된 영역을 뾰족하게 학습하여 높은 격의 새로운 모델을 만들어낼 수 있게 된다. 이렇게 사람들의 기본 교양은 약해지고 전문 영역은 좁아지는 방식으로 인류는 진보해 왔다. 고대 그리스 시절부터 어른들은 요즘 젊은이들이 교양이 없다고 한탄하고 있는데 3,000년 전부터 왜 항상 젊은이들이 문제인지는 아래의 모델이 잘 설명해 준다.

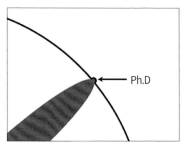

Matt Might, The illustrated guide to a Ph.D.

지금까지 반복된 이러한 분야의 전문화 과정을 하나의 분야에서 잘 이해한다면 인류 맥락이 넓어진 과정을 미래로 확장하여 상상할 수 있다. 이를 통해 인류 맥락이 어디까지 넓어질 수 있는지 상상할 수 있다. 이것이 샌드위치의 왼쪽 빵이다.

큰 세계에서 작은 세계로 김득도

이제 가장 어려운 부분인 샌드위치의 오른쪽 빵이 남았다. 바로 인간이 도달할 수 없는 영역을 상상하는 일이다. 사실 우리가 할 수 있는 모든 생각은 이미 생각된 생각이기 때문에 모두 도달이 가능한 모델이다. 따라서 도달할 수 없는 격의 모델을 여기서 예시로 들 수는 없다. 예시를 들었다면 이미 인류의 생각이 그곳에 도달한 것이기 때문이다. 그나마 할 수 있는 일은 도달할 수 없는 영역이 존재하긴 한다는 사실을 인지하는 정도이다.

인간이 도달할 수 없는 영역을 가장 편하게 묘사하는 방법은 신^{god}이라고 이름을 붙여버리고 생각을 그만두는 것이다. 위대한 철학자 중에서도 논리의 완전성 때문에 이 부분에 대한 논의를 이어 나가지 않은 경우가 많았다. 그러나 《열반 3000》은 철학 논문이 아니기 때문에 실없는 이야기를 해도 되므로 이 주제를 조금 더 다뤄보자.

인간이 도달할 수 없는 영역에 대한 이해를 위해 1000년 전으로 돌아가 붓으로 획을 긋는다고 상상하자. 이때 그은 선은 대체로 우리가 그은 궤적대로 나올 것이다. 여기서 더 나아가 붓을 자유자재로 운용하여 종이 위를 노니는 경지가 되면 그 획의 리듬과 에너지가 느껴질 것이다. 이때 이 획이 골기(骨氣)를 가졌다고 부른다. 골기는 완전히 인지되며 구현된 글씨 모델에서 나타난다.[16]

하지만 아무리 높은 경지의 명필이라도 기화된 먹 분자가 확산하여 종이에 스며드는 과정까지는 막을 수는 없을 것이다. 이처럼 인간으로서 도달할 수 있는 경지와 인간으로서는 도달할 수 없을 것 같은 경지가 있다.[17]

이와 비슷한 개념으로 우리가 도달 불가능한 이성과 공감이 있을 것이다. 이러한 영역에 대해 인지하는 것이 2번 화살표인 실현 한계의 오른쪽 샌드위치 빵이다.

이 주제에 대해 더 많은 이야기를 할 수도 있지만 이만 줄이겠다. 결

---

16) 역사적으로 이러한 골기를 가졌던 서화가(글 쓰고 그림 그리는 사람)들은 왕희지, 회소, 조맹부, 안평대군, 추사 김정희, 겸재 정선, 셋슈 토오 등이다.

17) 사실 현대 인류는 원자 단위의 제어가 가능하기에 이 예시는 적절치 않다. 인식/추상적 예시를 들 수 없어 어쩔 수 없이 공학적인 정확성에 기반한 예시를 들었다.

국 실현 한계에 대한 상상 방법은 각자의 길을 찾아야 하기 때문이다. 누군가 할 질문에 미리 대답하자면 어느 시점의 지구에 살아있는 개미의 숫자를 정확히 세는 일은 실현 한계 안에 들어있다.

2일 차 요약

- 모든 분야에는 사회적으로 정의되는 에센스가 있고
  에센스가 파괴된 방식이 스타일이다.
- 득도의 에센스는 모든 모델을 채택의 대상으로 남긴 열반이고
  득도의 스타일은 모델의 채택이다.
- 득도는 자신이 도달할 수 있는 최대의 에센스를 향해 다가가며
  채택으로 스타일을 결정하는 상태다.
- 실현 한계의 상상을 하는 김득도를 통해 득도할 수 있다.

정의된 용어

단어	의미
에센스	사회적으로 정의된 분야의 기본기
스타일	에센스의 파괴
열반	모든 모델을 채택의 대상으로 삼은 후 아무 모델도 채택하지 않는 것
무위	채택의 대상인 모델을 채택하는 일
상상	실물이 존재하지 않는 개념적 모델의 예시 모델을 머릿속에서 구현하는 일
실현 한계	모든 미래에 실현될 수 있는 인류 맥락의 합집합
김득도	실현 한계를 상상하는 상태
믿음	어떤 모델에 종속된 상태에서 사용하기로 결정함

3일 차

지나손 / Auvers sur Oise / 2020

숙능탁이정지서청(孰能濁以靜之徐淸)

숙능안이동지서생(孰能安以動之徐生)

누가 탁한 곳에 스스로 들어가 주변을 서서히 맑게 할 수 있으며,

누가 멈춰있는 곳에 스스로 들어가 주변을 서서히 생동하게 할 수 있는가?

-노자〈도덕경〉15장 중에서

득도하고 도를 행하기

우리는 지금까지 에센스와 스타일을 구분하는 관점에서 득도를 이야기했다. 또한 실현 한계에 대한 상상을 통해 득도하는 길을 보았다. 이런 이야기들을 지금까지 따라온 독자들은 이미 상당히 높은 격을 가지게 되었을 것이다. 따라서 과거에 이해하기 어려웠던 책들도 쉽게 읽힐 것이다. 더 나아가 그 책의 저자들이 어떤 모델을 채택했고 어떤 모델에 종속되어 있는지까지 이야기할 수 있게 되었을 것이다.

앞선 이야기들은 독자들이 득도를 향해 밟고 올라갈 수 있는 발판이다. 이 발판에서 출발하여 자신만의 (오르막)길을 무위로 걷다 보면 자동으로 득도하게 되는 것이다. 하지만 문제는 이렇게 한 걸음씩 걸어가서는 득도에 너무 많은 시간이 들 수 있다는 점이다. 독자들이 남은 하루만에 득도하기 위해서는 위에서 끌어당겨 주는 이야기들이 필요하다. 그것은 바로 득도한 상태에 대한 묘사들이다.

1
거리낌 없이 원하는 대로 행동하면
모든 일이 잘 풀린다

도를 행practice한다는 것은 자신의 도로써 무위한다는 뜻이다. 즉 득도인이 거리낌 없이 원하는 대로 행동하는 것이 도를 행하는 일이다.

득도인은 불안이 없고 자기 행동에 확신이 있다. 그 이유는 자신이 도를 행하면 모든 일이 잘 풀릴 것을 알고 있기 때문이다. 이를 도통(道通)이라 부른다. 물론 도통했다고 해서 득도인이 주식을 산다고 무조건 값이 오르고 복권을 사면 바로 당첨되며 여행을 가면 날씨가 좋다는 뜻은 아니다. 하지만 득도인이 결과적으로 일이 잘 풀릴 것을 알고 있는 것은 사실이다. 지금부터 이러한 확신이 가능한 두 가지 이유를 소개한다.

첫째는 득도인은 높은 모델만을 내놓고 자신도 그 사실을 안다는 점이다. 우선 높은 모델을 내놓는다는 것이 무엇인지 살펴보자. 리오넬 메시Lionel Messi가 축구 경기에서 빈 곳으로 패스를 시도했는데 우리 편이 공을 받지 못했다면 이것은 잘못된 패스인가? 프로게이머인 페이커Faker가 보이지 않는 부분으로 블링크(순간이동)를 했는데 기다리고 있던 상대방 캐릭터에게 죽으면 그것은 잘못된 블링크였을까? 워런 버핏Warren Buffett이 어떤 기업들의 주식을 매수했는데 그 기업들의 주가가 내려가면 잘못된 투자였을까?

이 세 사람의 공통점은 그들 자체가 위대한 모델들이면서 자신들의 행동을 인지한다는 점이다. 그들이 각자 분야에서 내놓은 모델들이 끊임없이 언급된다는 점은 그들 자체가 인류의 최정점에 도달해 있는 모델이라는 점을 말해준다. 메시, 페이커, 워런 버핏은 주어진 정보를 바탕으로 자신의 도에서 무위로 행동했을 것이다. 따라서 그들이 내놓은 모델들이 결과적으로 좋지 않은 결과를 냈더라도 격이 높은 아름다운 모델들이라는 점은 사실이다. 그리고 그들 각자도 그 사실을 안다.

자신의 모델이 높다는 사실을 안다는 것이 어떤 의미를 가지는지는 미술에서의 작가주의와 관객주의 쟁점으로 설명할 수 있다. 작가의 의도와 관객의 감상 중에서 어느 쪽에 주목하는가의 차이에 따라 미술 작품을 해석하는 방식과 결과가 완전히 달라진다.

미술 관람객은 작가 의도의 극히 일부만 해석할 수 있는데 이는 작가의 작품에 얼마나 많은 맥락이 담겼는지와 무관하다. 작가의 의도와 관람객의 감상은 모두 그들의 개인적인 경험에 기반한다. 따라서 작가의 관점에서 관람객들의 감상은 기상천외할 때가 많고 관람객의 관점에서 작가의 의도는 너무나 사소하고 개인적으로 느껴질 때가 많다. 결과적으로 작가가 100만큼의 맥락을 표현하고자 했든 1만큼 표현하려고 했든 관람객은 3만큼의 감상을, 평론가는 30만큼의 감상을 만들어낸다.

이런 경우 초보 작가들은 자신의 의도와 다른 감상에 대응하여 의도한 바를 설명하지만 고수 작가들은 어쩔 수 없다는 것을 알고 미소를 짓기만 할 뿐이다. '나도 잘 모릅니다. 당신이 내 작품을 이해하지 못했다면 내가 제대로 한 것 같군요'라고 말하면 관람객은 좋은 이야깃거리가 생겼다며 만족하며 떠난다.

아무리 다른 사람들이 작품에 대해 3이나 30이라고 해도 상관없다. 어차피 고수 작가는 자기 작품에 담긴 맥락이 100이라는 점을 알기 때문이다. 득도인은 자신이 내놓은 모델이 그 순간에서의 최선이라는 사실을 알기 때문에 후회가 없고 항상 마음이 편하다.

잠시 다른 이야기를 하자면 비득도인들의 큰 오해 중 하나는 사회에서 환대받지 못하는 모델이 낮은 모델이라고 생각하는 것이다. 모델의 높이는 대중을 상대로 한 비즈니스의 성공과 별개의 문제이다. 인류 맥락의 경계에 있는 위대한 모델들은 언급은 많이 되지만 매출은 만들어 내지 못하는 점을 보면 알 수 있다. 물론 격이 높은 모델도 팔릴 수 있겠으나 대중의 눈높이보다 조금만 높은 모델이 마케팅이나 판매를 하기 훨씬 쉽다. 사업적 실패가 격의 낮음을 의미하지 않는다.

그래도 '결과가 안 나오는 모델을 높은 모델이라고 할 수 있겠냐?'고 반문한다면 자신이 그 결과 모델에 종속되어 있는지 생각해 봐야 한다. 매출, 사업적 성공, 인기, 가격, 공모전 당선 등이 종속되기 쉬운 모델이다.

둘째는 득도인은 스스로 자신의 운명을 쓴다는 점이다. 그들은 자신의 운명은 다른 사람이 정하는 것이 아닌 스스로 쓰는 것임을 안다. 예를 들어 '그때 내가 팔이 잘려서 결국 이렇게 잘 된 거잖아'라거나 '내가 그때 주식으로 성공했으면 이렇게 행복할 수 없었겠지'처럼 자신의 운명은 마지막 순간에 자신이 결정하는 것이다.

이것은 단순한 정신 승리나 합리화가 아니다. 살면서 경험한 하나하나의 사건들이 점을 이루고 이것을 선으로 이어서 그림을 그린 것이 바로 인생이라는 이야기를 들어본 적 있을 것이다. 여기에서 자신의 인생에 대한 최종 모델은 사건들의 점을 이어놓은 그림이다. 같은 점을 이었어도 이 그림을 여러 가지 방법으로 그릴 수 있을 것이다. 그중 어떤 모델을 채택하는지가 자신의 운명이 되는 것이다.

득도인은 자신의 인생에 대한 그림을 누구보다 잘 그려낼 수 있다. 우선 자기 인생에 대한 그림이니 당연히 누구보다 많은 재료를 가지고 있다. 거울에 비친 복권 가게의 녹색 불빛을 봤다는 식의 나만 아는 이야기도 그림의 재료가 된다. 또한 득도인은 자신이 도달할 수 있는 가장 높은 격을 가지고 있으므로 인류 전체를 통틀어서도 높은 격을 가지고 있기가 쉽다. 재료도 많고 그것으로 그림을 그릴 수 있는 능력도 높고 자기 인생의 그림을 그리는 일이니 가장 많은 시간을 쓸 의향도 있다. 따라서 결과적으로 득도인은 자기 인생의 그림을 그 누구보다 아름답게 그리게 된다. 이 그림은 다른 사람들의 그림들보다 훨씬 아름다워서 모두들 채택할 수밖에 없을 정도다.

타인의 '너는 사업에서 실패했잖아' 모델은 '내가 그때 사업에서 실패한 덕에 지금 이렇게 행복하게 살고 있잖아' 모델에 의해 압살당한다. 이 이야기를 자칫 오해하면 "다른 사람이 뭐라 하더라도 당신의 인생은 아름다워요"라는 위로로 받아들일 수 있다.

하지만 지금의 이야기는 상대적으로 격이 낮은 타인의 평가 모델을 득도인이 아름다운 모델로 압도하는 일에 관한 이야기다. 타인의 평가 모델보다 아름다운 모델을 만들 수 없는 사람에게 타인의 평가 모델을 신경 쓰지 말라고 위로하는 것이 아니다.

2
득도하기로 선택하는 순간
득도한다

득도 여부는 누가 결정하는 것인가? 본인이 판단하는 것인가 타인이 판단하는 것인가? 여기까지 달려 온 우리의 대답은 당연하다. 본인과 타인이 판단한다는 두 측면이 모두 있지만 다른 측면도 있다.

이 세 번째 측면이 바로 득도의 여부를 내가 선택한다는 측면이다. 놀랍게도 '이제부터 내가 득도의 길을 걸을지 말지'가 아니라 '내가 이미 득도했는지 안 했는지'의 여부를 본인이 선택할 수 있다는 말이다.

이제 득도를 원하는 모든 사람에게 득도는 단순히 득도를 선택하면 되는 아주 간단한 문제로 바뀐다. "나는 득도했어!"라고 말하면 끝이다. 그리고 자신이 득도하기로 하면 빠르게 실제로 득도하게 된다. 이제 이게 무슨 말인지 알아보자.

수학에서 두 함수 f, g가 있는데 어떤 입력값 x를 넣든지 출력값 $f(x)$와 $g(x)$가 항상 동일하다면 이 두 함수는 같은 함수인가? 그렇다. 두 함수는 같은 함수이다.

만약 어떤 사람이 마음속으로는 예의가 없는 사람인데 평생 모든 상황에서 예의가 바른 척 연기를 해서 죽을 때까지 예의 바르게 행동했다고 가정하자. 그렇다면 이 사람은 예의가 바른 사람인가 바르지 않은 사람인가?

만약 그가 평생 자기 자신이나 외부와 관계할 때마다 예의가 바르게 행동했다면 이 사람은 예의가 바른 사람이 된다. 이러한 관계주의적인 관점을 불교에서는 연기(緣起)라고 부른다. 연기는 어떤 것이 그 자체의 실체로서 존재하는 것에는 의미가 없고 외부와의 상호 작용의 합으로써 그 존재의 의미가 생긴다는 이야기다.

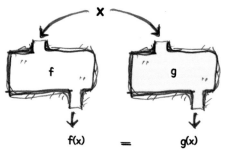

두 함수의 결괏값이 항상 같으면 같은 함수인가?

이와 정확히 똑같은 이유로 어떤 사람이 죽을 때까지 득도인처럼 행동했다면 이 사람은 득도인이다. 평생 득도한 척 연기(演技)를 해서 모두를 속여내는 데 성공한다면 나는 연기(緣起)적으로도 연기(演技)적으로도 득도인이 되는 것이다. 이제 내가 언제부터 득도할지 선택하기만 하면 된다. 흐흐흐 이것은 아주 은밀한 음모가 아닐 수 없다. 평생 득도한 것처럼 연기하기만 하면 나를 득도인이라고 믿을 사람들이 생겨날 것을 생각하니 새어 나오는 웃음을 참을 수 없다.

하지만 이러한 음모를 아무나 꾸밀 수 있는 것은 아니다. 관건은 내가 득도인을 상상할 수 있는가이다. 득도인을 상상할 수 있어야 그렇게 행동할 수 있기 때문이다.

마음이 바다처럼 넓은 사람이라면 어떻게 행동할까?
이 상황을 모델로 받아들일 수 있는 사람이라면 어떻게 행동할까?
완전한 이성을 가진 사람이라면 어떻게 행동할까?
역지사지를 극한까지 하는 사람이라면 어떻게 생각할까?
타인의 시선에 종속되지 않는 사람이라면 어떻게 행동할까?

위와 같이 득도인을 상상하면 된다. 그리고 0.1초의 지체 없이 그의 행동을 따라 하면 된다. 이것이 실현 한계의 상상이 중요한 이유다. 상상의 득도인은 실현 한계 안에 들어있다. 실현 한계를 상상할 수 있으면 득도인을 상상하고 득도인인 척 연기를 시작할 수 있다.

또한 실현 한계의 상상은 최대의 무위 영역을 만들어준다. 따라서 실현 한계를 상상할 수 있어야 연기를 하지 않아도 되는 실제 득도인이 될 수 있다. 득도인을 상상할수록 그 상상이 정교해질 것이고 그 상상대로 지체 없이 행동할수록 득도가 체화될 것이다. 그리고 득도가 완전히 체화되면 실제 득도인이 된다.

단, 득도를 주장했으면 최대한 득도인과 같은 행동을 지켜야 한다. 다른 사람들이 득도 호소인이 내놓는 낮은 모델을 눈감고 넘어가 주는 기회가 많지 않기 때문이다. 득도했다고 주장하는 순간부터 철저하게 득도인으로의 삶을 살아야 하며 그것을 지켜낸 시간이 길어질수록 실제 득도인에 가까워질 것이다. 이를 통해 빠른 시간 안에 연기하는 득도인을 벗어나 진정한(그게 무엇이건 간에) 득도인이 되며 자신의 득도 에센스가 최대 속도로 성장하는 평행우주에 안착하게 된다.

프란츠 카프카Franz Kafka의 2페이지짜리 소설 〈법 앞에서〉에서는 한 시골 사람이 법의 문 앞으로 온다. 그는 문지기에게 문을 열어달라고 하지만 문지기는 친절하게 '지금은 아니지만 나중에 때가 올 것'이라고 한다. 그리고 지금 자신을 제압하면 이 문은 통과하겠지만 안에는 더 무시무시한 문지기들이 있다고 한다. 시골 사람은 그 말을 듣고 자신의 때를 기다리기로 한다. 그는 문지기의 마음을 돌리기 위해 노력하며 늙어가지만 문지기가 말하는 때는 오지 않는다.

결국 그는 죽기 전 문지기에게 물어본다. '모든 사람은 법을 절실히 원합니다. 하지만 나 말고는 아무도 이 안에 들여보내달라고 오지 않았는데 어째서인가요?' 문지기는 시골 사람이 임종에 가까워진다는 사실을 알고 희미해져 가는 그의 청각에 들리도록 크게 소리친다. '여기서는 그 어떤 사람도 입장을 허가받을 수 없었소. 이 출입구는 오직 당신만을 위한 것이었으니까. 이제 문을 닫아야겠군.'

문을 지나가기로 결정해야만 법을 가질 수 있다.

카프카의 소설처럼 득도하기로 결정을 해야만 득도할 수 있다(필요조건). 그리고 앞선 이야기처럼 자신의 결정을 통해 득도할 수 있다

(충분조건). 즉 득도는 득도하기로 한 본인의 결정이다(필요충분조건).

3
득도(得道)

우리는 1일 차에 인류 맥락을 이해했고 이를 통해 현재까지의 인류의 생각을 이해하는 격을 만들어냈다. 2일 차에는 실현 한계에 대한 상상을 만들어냈고 이를 통해 미래의 인류에게서 나올 생각들을 채택의 대상으로 다룰 수 있는 격을 만들어냈다. 3일 차인 오늘 우리는 이렇게 만들어낸 격을 통해 득도할 것이다.

우선 몇몇 철학 용어들을 사용하여 현재의 인류 맥락이 만들어지기까지의 과정을 다음과 같이 정리할 수 있다.

인류는 본질이나 진리가 없다는 사실을 알아버렸다(본질주의의 죽음). 하지만 과학이나 철학과 같이 자신이 보는 세계를 설명할 수 있는 모델들을 만들어왔다. 예를 들어 다른 대상들과 맺는 관계로 나 자신을 이해할 수 있다거나(관계주의) 스스로 만들어내는 결정들의 모음이 나를 정의한다거나(실존주의) 나를 구성하는 신체나 환경의 형식이 나에게 제약을 준다거나(구조주의, 언어철학) 언어 체계는 사회적 상호작용의 도구일 뿐이라거나(언어 놀이) 하는 모델들 말이다. 총체적 인류는 세상의 문제에 대해 이 모든 관점을 동시에 가지고 있는 집단이다.

이제 우리는 실현 한계를 상상할 수 있는 격을 이용하여 이 모든 생각들을 흡수할 것이다. 모든 생각을 채택의 대상으로 삼아 포용하여 앙상블 할 것이다. 이를 다음과 같이 표현할 수 있다.

모든 생각은 모델이다. 나는 인류가 만들어온 모델들과 앞으로 인류가 만들어낼 모델들을 채택의 대상으로 다룰 수 있을 격을 만들어냈다. 나는 이 세상에 존재할 모든 모델을 앙상블 시킬 수 있을 것이다.

지금까지의 모든 논의는 바로 위의 세 문장을 이해하기 위한 준비였다. 실현 한계를 상상하는 김득도는 이미 존재하는 모델들과 미래에 나올 모델들을 앙상블할 수 있는 힘이었던 것이다.

실제로는 개인의 유한성 때문에 세상의 모든 모델을 채택의 대상으로 다룰 수는 없을 것이다. 개인의 잠재력으로 도달할 수 있는 최대의 격에서 채택의 대상이 될 수도 있을 모든 모델을 앙상블 시킬 수 있는 상태, 그것이 그 사람의 득도다. 이 상태에서 무위로 자신의 스타일을 만들어간다면 기존 인류에게는 없었던 자신만의 도를 만들게 되는 것이다.

모든 모델을 앙상블 시킬 수 있다는 말은 모든 철학적 논쟁의 대상이었던 모델들에서 상황마다 채택할 면과 비채택할 면을 활용할 수 있다는 뜻이다. 이제 플라톤과 소피스트들, 실재론과 유명론, 본질론과 관계론, 데카르트와 흄, 종합적 선험지식과 종합적 경험지식, 공준과 정리, 이성과 감각 인식, 공간과 평면, 모방과 창조, 환각주의와 정면성, 자유의지와 결정론, 도덕과 법, 담론과 명제, 본질과 실존, 사물과 사실, 세계와 언어, 사물과 기호 등과 같이 같은 문제를 대립된 시각으로 바라본 순수한 모델들은 채택의 대상이 되었다.[18] 그리고 우리는 그중 한쪽을 선택하는 것이 아니라 모든 관점을 앙상블 시킬 수 있을 것이다.

이로써 우리는 인류의 과거, 현재, 미래의 모든 생각을 동시에 포용하고 다룰 수 있는 사람이 되었다. 모두 힘든 길을 참고 함께 와주어 고맙다. 축하한다. 이제 우리는 모두 득도하게 되었다.

4
득도한 상태

지금까지 우리는 득도한 상태에 도달하기 위해, 김득도라는 실현 한계에 대한 첫 상상을 하고 실현 한계의 모델들을 앙상블하는 방법에 관해 이야기했다. 그리고 이를 통해 우리는 모두 득도하게 되었다. 이 문장이 헷갈리지 않는다면 지금까지의 이야기들을 잘 따라왔다고 할 수 있을 것이다. 이제는 득도한 상태의 특성들에 관한 이야기들을 해보자.

득도인은 투명하다

득도인은 의도적으로 거짓말을 하지 못한다. 그 이유는 거짓말이 자신이 사는 세상을 절반으로 감소시키기 때문이다. 거짓말은 대립 면의 경계에 서 있던 득도인으로 하여금 거짓말이 성립해야 하는 세상으로 들어가게 한다. 이는 득도인이 자신이 도달할 수 있는 최대 에센스로 가고 있던 평행우주에서 벗어나게 만든다. 거짓말을 하는 순간 득도의 여정

---

18) 각 사유의 대립에 대한 자세한 이야기는 조중걸의 〈철학의 선택〉(북핀, 2020)을 참고하라.

이 끝나버리는 것이다. 따라서 득도인은 자기 자신으로서 솔직하게 말하고 행동할 수밖에 없다. 이것이 득도인의 투명함이다.

득도인은 타인까지 투명하게 만들어준다. 득도인은 종속된 모델이 없으므로 그와 대화할 때는 서로의 이야기에 다른 의도가 숨겨져 있는지 걱정할 필요가 없다. 서로 자기 모델을 내놓기만 하면 된다. 각자 자신에게 더 설득력 있는 모델을 채택할 뿐이다.

따라서 이 둘은 투명하게 소통하게 되며 그 과정에서 나오는 비판도 서로의 기분을 상하게 하지 않는다. 그들은 오로지 문제를 해결하는 데 집중할 수 있다. 시간이 지날수록 타인들은 득도인의 투명함을 더 잘 알게 될 것이고 점점 딴지를 덜 걸게 되어 득도인은 더 자유롭게 무위할 수 있게 된다. 이렇게 득도인의 무위가 더 자유로워질수록 그의 득도 에센스가 더 수월하게 성장할 수 있는 환경이 된다.

이는 반대로 투명하게 행동하지 못하는 환경에서는 득도할 수 없다는 뜻이기도 하다. 만약 자신이 선거에 출마하는 정치인이나 직원들의 고충을 해결해야 하는 인사HR 담당자처럼 끊임없이 거짓말을 해야 하는 위치에 있다면 득도의 길을 걸을 수 없다. 여러 거짓말로 인해 너무나 작아져 버린 세계에서는 자신의 득도 에센스가 성장할 수 없다. 진실할 수 있는 환경에서만 득도할 수 있다.

배려란 상대의 모델 채택 행위를 건드리지 않는 것
득도인은 타인에게 편안함을 준다. 이것은 상대방의 모든 모델을 포용하기 때문이다. 배려란 상대가 하는 모델 채택 행위를 건드리지 않는 것이다. 상대방이 볼 수 있도록 모델을 내놓을 수 있지만 상대의 모델 채택 여부를 바꾸려고 한다거나 채택을 유도하지 않는 것이다. "이런 모델이 있긴 한데 채택하든지 말든지." 상대방의 입장에서 득도인의 높은 모델이 그럴듯하게 느껴진다면 채택할 것이다.

상대에게 요청을 받아들일 것을 강요하지 않으면서 요청하는 방식이란 무엇일까? 아르헨티나 전통춤인 탱고^{Argentine Tango}의 문화를 통해 살펴보자. 탱고에는 춤의 테크닉에서부터 문화적 형식까지 배려가 장르 전반에 걸쳐져 있기 때문이다.

탱고 사교의 장 밀롱가^{milonga}에서 사람들은 자신의 테이블에서 친구들과 담소를 나누다가 춤을 추고 싶은 사람을 발견하면 플로어로 나가서 춤을 춘다. 서로 춤을 신청하고 승낙하는 까베세오^{cabeceo} 과정에 배려가 녹아있다. 춤 신청 과정에서 얼마나 많은 배려의 요소가 들어있는지 알면 놀랄 것이다.

리더가 춤을 추고 싶은 팔로워를 발견한다. 팔로워의 눈을 쳐다보다가 눈이 마주치면 고개를 끄덕인다. 팔로워도 춤을 추고 싶다면 고개를 끄덕여 승낙한다. 그러면 리더는 눈을 떼지 않은 채 팔로워의 앞까지 다가가 춤을 추는 플로어로 안내한다. 만약 팔로워에게 파트너가 있다면 리더는 그에게도 눈빛으로 양해를 구해야 한다. 이 과정에 녹아있는 배려의 요소들을 살펴보자.

첫 번째로 춤 신청을 말이나 손짓이 아닌 눈빛으로 한다는 점이다.

그 이유는 팔로워가 거절할 때 서로 부담스럽지 않기 위함이다. 팔로워는 춤을 추고 싶지 않은 사람과 눈이 마주치면 고개를 끄덕이지 않고 다른 곳을 쳐다봐서 거절의 의사를 표현할 수 있다. 이 경우 팔로워는 간접적으로 거절 의사를 표현할 수 있어 부담이 덜하고 리더는 자신이 거절당했다는 사실을 아무도 모르기 때문에 당당하게 다른 팔로워를 찾기 시작할 수 있다.

두 번째는 팔로워가 먼저 춤을 신청하면 안 된다는 점이다. 전통적으로 탱고의 리더는 남자, 팔로워는 여자였는데 신사는 숙녀의 요구를 거절하지 않는 것이 매너였다. 따라서 여자가 춤을 신청하면 남자는 무조건 승낙해야 했다. 즉 남자는 춤을 거절할 권리가 없는 것이다. 거부할 수 없는 사람에게 춤을 신청하는 것은 무장하지 않은 사람을 상대로 총을 쏘는 일과 같으며 이는 정당하지 않다. 따라서 팔로워가 먼저 춤을 신청하지 않는 것이 매너.

세 번째는 리더가 끝까지 눈을 떼지 않은 채로 팔로워의 앞까지 가야 하고 팔로워는 리더가 올 때까지 앉아서 기다려야 한다는 점이다. 밀롱가에는 사람들이 많아 주위 사람과 착각하는 경우가 많기 때문이다. 만약 누군가 착각해서 일어선 경우에는 춤을 신청한 리더와 신청받은 팔로워, 착각한 팔로워 모두가 민망해질 수 있다. 따라서 리더는 자신이 춤을 신청한 팔로워와 눈을 맞춘 상태로 바로 앞까지 다가가야 한다. 이 과정에서 오해한 사람이 알아차릴 수 있어 민망한 상황을 피할 수 있다. 만약 실수로 일어선 경우에는 애초에 화장실을 가려고 했던 척하며 화장실로 가면 된다.

네 번째는 파트너가 있는 팔로워에게 춤을 신청하면 안 된다는 점이다. 이는 상대방의 파트너까지 배려한 처사다. 하지만 부득이하게 파트너가 있는 팔로워에게 춤을 신청해야 하는 경우 팔로워의 파트너에게도 눈빛으로 양해를 구해야 한다.

탱고의 미학, 철학, 역사 등 많은 이야기를 할 수 있지만 여기서는 생략한다.[19] 결국 편안함의 관건은 상대방의 모델 채택에 대하여 부담을 주지 않고 자유를 침해하지 않는 것이다. 이렇게 아무것도 강제하지 않는 것이 배려다.

예술가적 삶의 태도란

득도인은 다른 사람에게 잘 보이기 위해서가 아니라 자신이 진정으로 하고 싶은 일을 한다. 하지만 자칫 타인의 의견에 영향을 받아 득도의 에센스를 잃는 경우를 경계해야 한다. 물론 타인의 의견에 참고할 부분이 있을 수도 있지만 득도인에게 있어 타인의 의견 대부분은 모델의 격을 낮추라는 조언들이기 때문이다. 평범한 격을 가지고 있는 대다수의 사람이 원하는 모델은 평범함보다 약간 높은 모델들이라는 점을 항상 기억해야 한다.

대중의 요구에 따라 행동하다가 에센스를 잃는 방식의 대표적인 유형이 두 가지가 있다.

첫째는 대중이 모델의 높이를 낮춰달라고 요구하는 경우다. 대중이 직접적으로 요구하지 않더라도 매출, 조회수 등 지표가 잘 나오지 않

---

19) 아르헨티나 탱고에 대한 더 자세한 내용은 양영아, 김동준의 〈탱고 마스터〉(비키북스, 2024)를 참고하라.

는 것도 대중의 요구라 할 수 있다. 물론 득도인은 자신의 생존을 고려하여 이러한 요구를 들어줄 수도 있을 것이다. 하지만 이와 별개로 자신이 만들 수 있는 가장 높은 격의 모델을 창조하면서 본인의 격을 지켜야만 득도의 길에서 벗어나지 않을 수 있다.

첫 번째 경우는 당연한 이야기다. 그러나 두 번째 경우는 미묘하여 득도인이 특히 조심해야 한다. 바로 대중이 득도인에게 새로움을 요구하는 경우다. 이때 대중은 격을 낮춰 달라고 한 적은 없다. 다만 모델을 내놓는 득도인이 새로운 스타일의 모델을 선보이려고 하다가 스스로 격을 잃으며 자멸할 수 있다.

내가 새로운 스타일을 요구하는 대중에게 부응하여 기존과 다른 스타일의 점을 찍어보려 한다고 가정하자. 나의 격을 이루는 기둥은 에센스이고 스타일은 에센스의 파괴이다. 지금까지 내가 내놓은 가장 높은 모델은 끊임없는 시도를 통해 창조성과 우연으로 찾아낸 기적의 에센스 파괴의 조합이다. 그리고 대중이 원하는 것은 이와 비슷한 높이를 유지하는 새로운 에센스 파괴의 조합이다.

만약 이런 모델을 만들어내야 하는 마감 기한이 있다면 득도인은 에센스를 아주 조금이라도 포기하여 새로운 모델을 내놓게 될 확률이 높다. 그런데 새로운 에센스 파괴의 조합을 찾는 일은 새로운 분야에서 점을 찍는 일이기 때문에 자신이 지금까지 내놓은 최고의 격을 다시 구현하기는 힘들다. 이 경우 기존 보다는 조금 낮은 격의 모델을 내놓게 될 수 있다. 이런 일이 반복되면 조금씩 에센스를 포기하는 일에 둔감해지며 모든 격을 잃게 되는 미끄러운 경사면에 빠지게 된다.

미끄러운 경사면^{slippery slope}이란 경사면이 점차 기울어지는 변화를 느끼지 못하다가 어느 순간 감당할 수 없을 만큼 기울어져 아래로 떨어지게 되면서 비소로 그 심각성을 깨닫게 되는 현상이다. 에센스를 아주 조금씩 포기하다 보면 결국 감당할 수 없을 만큼 자신의 에센스가 망가지게 된다. 그리고 나중에는 자신이 원래 얼마나 높은 격을 가지고 있었는지조차 잊게 된다.

높은 격의 모델을 제시했던 예술가들이 시간이 지나며 점점 낮은 격의 모델들을 내놓는 경우를 많이 볼 수 있다. 이를 극복하기 위해서는 자신의 격을 다시 높이려는 노력과 끊임없이 자신의 맥락 바깥에 새로운 점을 찍으려는 창조적 노력이 필요하다. 결국 과거의 자신을 넘지 못해 스스로 목숨을 끊은 예술가들도 많았다. 그러나 모든 가치체계에서 독립하면 그런 일은 일어나지 않는다. 격이 높은 모델을 내놓기 위해서는 격이 높은 모델을 내놓아야 한다는 생각에서까지 독립해야 한다.

이렇게 타인의 요구에서 독립하여 자신의 무위를 고집하는 태도를 예술가적 삶의 태도라 부른다. 역사적으로 많은 위대한 예술가들이 타인이 원하는 것이 아닌 자기 자신의 예술을 해야 한다고 끊임없이 조언했다. 하지만 단지 이야기나 말로만 들어서는 그 메시지의 무게를 온전히 이해하기 어려울 것이다. 이러한 진리는 본인이 에센스를 잃어본 경험이 있어야만 비로소 진정으로 와닿게 된다.

환경이 나를 지배한다

독자는 꿈이 무엇인가? 사람들에게 꿈이 무엇인지 물어보면 건물주가 된다거나 인플루언서가 된다거나 사랑하는 사람과 화목한 가정을 꾸린다거나 큰 회사를 만들어보고 싶다거나 하는 이야기들을 할 것이다. 로또에 당첨되는 것이 꿈이라고 한 독자는 행운을 빈다. 지금은 이해가 안 될 수도 있겠지만 적립금이 쌓여서 기대 수익이 플러스일 때를 가장 조심해야 한다. 이외에도 꿈에 대한 다양한 답이 나올 수 있지만 땅이 좁은 나라에서는 유난히 나오지 않는 대답이 있다. 바로 천하를 얻고 싶다는 꿈이다.

한국에서 반도체를 제일 잘 만들면 한국 1등 반도체 회사가 되고, 한국에서 자동차를 제일 잘 만들면 한국 1등 자동차 회사가 된다. 그런데 만약 땅이 넓은 나라에서 반도체나 자동차를 제일 잘 만들면 어떻게 되는가? 지구 1등 회사가 되어 천하를 얻게 된다.

이처럼 국가의 크기 차이가 생각의 크기에 차이를 만들어 낸다. 국가의 크기와 마찬가지로 재산, 성별, 수명, 국가, 유행 등 다양한 요소들이 생각의 범위를 제한한다.

예를 들어 자신의 전투력인 무력(武力)이 낮은 사람은 거리에서 낯선 사람의 눈을 잘 마주치지 못한다. 해코지당할 수 있기 때문이다. 하지만 무력이 높은 사람들은 낯선 사람들을 더 당당하게 구경할 수 있다.

우리는 정신뿐만 아니라 물질적인 부분까지도 환경에 의해 많은 영향을 받는다. 이러한 영향들을 발견하고 그에 대한 모델을 만드는 학문을 구조주의라고 부른다. 예를 들어 재러드 다이아몬드$^{Jared\ Diamond}$의 〈총 균 쇠〉는 과거의 지리 선정의 차이가 문명의 차이를 만들어냈다는 구조주의적 이야기다.

득도인은 환경이 자신에게 끼치는 제한을 인지한다. 그들은 어떤 것이 자기 생각이고 어떤 것이 환경에 의해 유도된 생각인지를 구분할 수 있다. 그리고 이를 통해 환경과 독립된 온전한 자기 자신을 인식할 수 있게 된다. 즉 득도인들은 구조주의적 영향의 종속에서 벗어나서 생각할 수 있는 것이다.

득도인은 시뮬레이션 게임의 주인공

득도인은 자신이 통제할 수 없는 환경이나 이미 발생한 현상에 대해 생각하지 않는다. 물론 비득도인도 자연재해나 날씨에 대해서는 더 이상 파고들지 않는다. 비가 오거나 지진이 나면 그 이유를 분석하기보다는 '그래서 이제 어떻게 할 것인가'를 생각하는 것처럼 말이다.

하지만 득도인은 자연뿐 아니라 외부의 모든 상황을 있는 그대로 받아들일 수 있다. 여기서 외부의 상황들이란 자연, 타인, 시스템, 전쟁, 사회, 엄마의 잔소리 등 정말 우리가 처해 있는 상황이다.

현재 인류가 사는 세상이 시뮬레이션이라는 모델도 있다. 이때 득도인은 마치 그가 시뮬레이션 게임의 주인공이라는 사실을 알고 있는 것처럼 행동한다. 우리가 게임을 즐기면서 그 게임의 배경, NPC$^{non\text{-}player}$ ^{character} 그리고 이벤트가 일어나는 방식을 바꾸려고 하지는 않는 것처럼 말이다. 플레이 중에 NPC가 그를 속여 모든 골드를 잃는 이벤트가 발생하더라도 득도인은 NPC를 탓하지 않고 묵묵히 플레이할 것이다.

득도인은 게임을 하듯이 이 세상을 산다. 그는 자신의 환경, 사람들, 그리고 현상이 일어나는 방식을 바꾸려고 하지 않는다. 우리가 게임을 하는 이유가 결국 재미를 위해서이듯 득도인들은 저마다의 재미를 찾는 방식으로 이 RR$^{real\ reality}$ 게임을 플레이하게 된다.

득도인을 제외한 사람들은 게임의 NPC들이고 모든 일은 미리 프로그래밍 되어있는 물리 법칙에 따라 일어난다. 득도인은 이러한 사실을 알고 환경에 몰입하여 게임을 하는 태도로 재밌게 산다. 게임을 플레이하다가 또 다른 득도인을 만나게 된다면 그는 NPC가 아닐지도 모르기 때문에 급속도로 궁금해진다.

하지만 득도인이 환경을 환경으로 받아들인다고 해서 모든 상황에 순응한다는 이야기는 아니다. 잡스러운 환경을 벗어나는 것이 자신에 대한 예의라고 노자가 말했듯이 득도인은 잡스러운 환경을 벗어나서 자신이 즐겁게 플레이할 수 있는 다른 장소로 간다. 하지만 간혹 다른 장소로 이동할 수 없는 경우에는 득도인에 의해 환경의 잡스러움이 점차 없어지게 된다.

물론 득도인이 환경을 바꾸려는 생각이 있었던 것은 아니다. 하지만 환경이 득도인에 의해 바뀌는 '무위의 영향권'에 대한 이야기는 뒤에서 다시 다룰 것이다.

모든 생각은 끝까지 모델이다

득도인이 현상을 현상으로 바라볼 수 있듯 그는 모델도 모델로 바라볼 수 있다. 그런데 득도인은 어차피 모든 생각을 모델로 대할 수 있을 텐데 새삼스럽게 모델을 모델로 바라본다는 말은 왜 하는 것일까?

우리는 살아가면서 유독 하나의 모델이 많은 현상들을 설명해 준다고 느낄 때가 있다. 특정 모델이 현상을 설명해 주는 경험이 끊임없이 반복되면 그 모델을 생각 없이 채택하는 빈도가 늘어나게 될 수 있다.

득도인은 이러한 함정에 빠지지 않는다. 이는 득도인들이 주역, 사주명리학, 애니어그램, 카발라와 같은 모델들의 설득력 있는 통계적 측면과 설득력 없는 점성술적 측면을 정확하게 인지한다는 뜻이기도 하다.

특히 수학에서의 군^{group} 구조를 가진 모델들은 보편적으로 적용될 여지가 많아서 어느 정도 높은 격의 사람들까지 종속시킬 힘이 있다. 공자는 64개의 괘를 이용하여 자연의 현상을 설명하는 〈주역〉을 죽간을 엮은 가죽끈이 세 번이나 끊어지도록 봤다고 한다. 성인으로 추앙받는 공자도 다양한 부분군$^{sub\text{-}group}$들의 수학적 조합에서 오는 범용적 적용성에 당할 수밖에 없었던 것이다. 여기서 군이 무엇인지 소개하지는 않겠지만 다음의 아주 엉성한 예제를 통해서도 핵심 메시지의 느낌은 전달할 수 있을 것이다.

예를 들어 1,000년 동안 다혈질인 사람군의 절반이 같은 다혈질과 결혼했고, 나머지 절반은 온순한 사람과 결혼했다고 가정하자. 다혈질-다혈질과 다혈질-온순의 조합에 따라 평균적인 나이 차이와 자녀들의 다혈질 여부의 통계적 패턴이 있었을 것이다. 예를 들어 다혈질-다혈질 부부가 다혈질 아기를 낳으면 3년 안에 90%가 이혼했을 수도 있다. 이 외에도 다양한 통계적 패턴들이 수천 가지나 존재할 것이다.

그러면 누군가 이런 수천 가지의 통계적 패턴들을 설명하기 위해 다혈질을 '불'로 온순은 '물'로 부르는 이론 체계를 만들게 된다. 이후 1,000년이 흐르면서 이 이론 체계는 통계적 패턴을 더 잘 설명하도록 다듬어지게 된다. 그리고 결국 무당이 '아이고 불-불 부부가 불 아기를 낳았네. 3년 안에 헤어지겠어'라고 말하며 복채를 수금하는 것이다.

이러한 통계적 패턴들을 설명하기 위해 '불은 어떻다' 라거나 '물은 어떻다'라고 하는 체계들의 예시가 바로 군 기반의 점성술 모델들이다. 이런 모델들은 현실의 문제들을 대입하여 해석하는 데 활용할 수 있는 수많은 부분군을 가지고 있다. 이들은 수천 년간 쌓인 통계적 패턴이라는 설득력을 가지고 있지만 그래봤자 통계적 모델이기 때문에 미래를 예측해 주는 것은 아니다.

득도인은 이 차이를 인지하고 모델에 종속되지 않으면서도 그 안의 통찰을 활용할 수 있다. 모델 개념에 대한 정확한 이해는 모델을 끝까지 모델로 볼 수 있게 해준다. 정말 모든 것은 모델이다.

5
죽지 않고 천하를 얻는다

사실 지금까지의 모든 이야기에는 아주 큰 약점이 있다. 그것은 바로 우리의 삶이 생존에 종속되어 있다는 점이다. 우리는 생존의 문제를 제쳐두고 득도에 관해서만 이야기했지만 이제는 생존의 문제를 해결하는 이야기를 할 것이다.

프란츠 카프카의 3페이지짜리 소설 〈단식 광대〉는 서커스에서 가장 인기 있는 공연인 단식 쇼를 펼치는 단식 광대의 이야기이다. 그는 원한다면 인간의 한계인 죽음을 넘은 예술적 경지까지 단식할 수 있지만 서커스 측은 40일마다 단식 쇼를 마무리하고 그에게 음식을 먹인다. 단식 기간이 40일을 넘기면 관객들이 지루해하기 때문이다. 단식 광대는 서커스 측이 자신에게 음식을 먹일 때마다 자신의 예술이 펼쳐지지 못한 것 같아 수치심을 느낀다.

그런데 생각해 보자. 사실 단식에는 돈이 필요하지 않다. 따라서 단식 광대는 서커스에 소속되어 봉급을 받아야 할 이유가 없다. 그가 정말로 죽음을 넘은 극한의 예술을 하고 싶다면 아무도 없는 곳에서 스스로 단식하면 된다. 하지만 그는 계속 자신의 예술을 가로막는 서커스에서 일하며 불평한다.

이는 감상하는 관객 없이는 예술은 존재할 수 없다는 이야기일 수도 있다. 그러나 카프카는 그렇게 허술하지 않으니 이 해석을 채택하기에는 손색이 있다. 혹 이 이야기는 자신이 펼치지 못한 예술을 서커스 측에 책임을 전가하는 가짜 예술인에 대한 것일 수도 있다.

하지만 자신이 예술가라는 단식 광대의 말을 믿어주자면 이 소설은 결국 진정한 예술가도 생존의 문제에서 벗어날 수 없음을 이야기한 것이라 해석할 수도 있겠다.

죽음에 이르기까지 단식을 하고 싶지만 생존을 위해 40일마다 주는 음식을 먹지 않을 수 없는 아이러니가 펼쳐지는 것이다. 아무리 득도인이라도 결국 생존의 문제에서는 독립할 수 없다.

득도로 생존 해결하기

생존의 문제로 힘들어하는 독자라면 지금까지의 《열반 3000》의 내용이 와닿지 않을 수 있다. 특히 몇몇 속 좁은 비득도인들은 이 과정에서 소노(小怒)했을 수도 있다. 혹은 책을 읽는 동안 소노하지는 않았더라도 바로 앞의 문장 때문에 중노(中怒)했을 수도 있다. 그리고 방금 중노를 했던 독자들은 웃었다.

대노건 중노건 소노건 노했던 모든 독자에게 사과하며 이제 득도를 통해 생존의 문제를 해결하는 이야기를 시작해 보자.

사실 우리가 생존보다 득도를 먼저 다루었기 때문에 오히려 생존에 더 유리해진 면도 있다. 어차피 평범한 격으로는 생존의 문제를 해결하기 어렵기 때문이다. 설사 평범한 격으로 생존의 문제를 해결한다고 하더라도 그때부터 세상의 깊은 맛을 보기에는 너무 늙어버렸을 확률이 높다. 따라서 생존의 문제를 해결하지 않은 상태에서도 병렬적으로 득도를 향해 움직이는 것이 더 현명한 득도의 길이다.

의학에서 질병을 치료하는 두 가지 주요 접근으로는 대증 치료와 근본 치료가 있다. 그중 득도는 근본 치료와 닮았다.

대증 치료는 즉각 증상만을 억제하는 치료이다. 인간 신체의 면역 및 회복 시스템은 놀랍도록 우수하므로 몸이 감당하기 힘든 과도한 증상만 막아주면 알아서 치료가 되는 경우가 많다.

예를 들어 감기에 걸려서 열이 날 때 높은 체온이 몸을 망가뜨릴 수 있다. 이때 해열제로 체온만 조금 내려주고 몸의 면역 시스템이 감기 바이러스를 스스로 물리치도록 하는 것이 대증 치료다. 이러한 접근은 당연히 증상을 효과적으로 완화시키지만 인간의 회복 시스템에 기대기 때문에 근본적인 해결은 아니다.

반면 근본 치료는 질병의 근본 원인을 찾아서 그것을 해결하는 치료다. 예를 들어 허리 통증을 완화하기 위해 척추측만증 교정 수술을 통해 구조적인 문제를 바로잡거나 혈압을 낮추기 위해 환자에게 운동을 시키고 도넛을 먹지 못하게 하는 경우다. 어찌 보면 건강하고 당연한 접근인 것 같지만 아직 인류는 근본 치료가 어떤 후속 효과를 가져올지 예측하지 못하는 경우가 많다. 예를 들어 환자의 '불같은' 성질 때문에 생긴 병을 고치기 위해 '물같은' 약초를 먹일 수 있지만 그것이 급성 간 중독을 일으켜 응급실에 실려 갈지도 모르는 일이다.

명확히 해야 하는 것은 득도가 대증 치료처럼 생존을 바로 해결해 주는 마법은 아니라는 점이다. 득도가 생활비, 우울, 외로움 등의 증상을 즉각 해결해 주지는 않는다. 당장의 생활비를 위해서는 부지런히 움직여야 하고 우울을 해결하기 위해서는 병원에 가야하고 외로움을 해결하기 위해서는 사람들이 있는 곳에 가야 한다.

하지만 우리는 득도가 이러한 다양한 문제들의 근본을 해결해 줄 것이라는 사실을 안다. 격이 높아진 사람은 마음의 타격을 입지 않고 자신의 길을 걸어가며 높은 모델들을 생산하여 생존의 문제들을 해결할 수 있기 때문이다. 그리고 적어도 득도가 생존에 있어서 부정적 효과들을 무작위적으로 가져오지는 않을 테니 득도 때문에 응급실에 가는 일은 없을 것이다.

득도인은 (이성과 공감의)격이 높은 모델들을 생산할 수 있다. 이는 타인들의 흥미를 자극하여 득도인을 매력적인 사람으로 만들어준다. 목적에 따라 적절한 모델을 선택할 수 있는 안목은 현실 세계에서 좋은 결과를 만들어내게 해준다.

그리고 높은 공감의 격은 사람의 마음에 관련된 사안들에서 지혜롭게 행동하고 상대방에게 잘 들리게 얘기하고 상대방을 배려하고 존중할 수 있게 해준다.

대부분의 사람은 당연히 이러한 높은 이성과 공감의 격을 갖춘 사람과 함께하고 싶어 할 것이다. 결국 득도인의 높은 격은 혼자 또는 여럿이 함께 해결해야 하는 다양한 사안에서 좋은 상황들을 만들어내게 해준다. 따라서 득도인들은 생존의 문제에서 유리해진다.

무위의 영향권

득도인은 모든 모델을 포용할 수 있다. 득도인은 타인과 충돌하지 않고, 높은 안목으로 좋은 모델들을 선택하고, 다양한 분야에서의 교양으로 흥미롭게 대화를 이어 나갈 수 있고, 자신의 운명을 스스로 쓸 수 있어

일희일비하지 않고, 확신을 가졌지만 한쪽에 치우치지 않고, 상대방에게 깊게 공감할 수 있고, 거짓 없이 투명하게 행동할 수 있고, 가치판단 없이 현상으로 바라볼 수 있고 모델들 간의 관계를 통해 은유하는 유머도 있다. 즉 득도인은 외모를 제외하고 정신적으로는 고품격 매력을 갖추고 있는 것이다.

그리고 아무리 외모가 부족하더라도 이 정도의 정신이면 큰 매력을 내뿜게 된다. 돈이 많아도 매력이 없는 사람은 많지만 득도인 중에 매력이 없는 사람은 없다. 득도인이 매력적인 외모까지 갖추고 있다면 아무도 그를 막을 수 없게 된다. 외적인 매력이 부족하지만 득도를 통해 결국 매력적이게 된 사람들의 예시를 들 수도 있겠으나 그러지는 않겠다.

이러한 매력을 통해 만들어지는 것이 바로 무위의 영향권이다. 득도한 내가 매력의 아우라를 내뿜게 되면 나를 바라보는 사람들이 생긴다. 바라본다는 말은 항상 나를 생각한다는 뜻이 아니라 때때로 내가 없는 자리에서도 나에 대한 생각이나 이야기를 한다는 뜻이다. 그들이 하는 이야기가 좋은 이야기인지 나쁜 이야기인지는 중요하지 않다. 이따금 나에 대해 생각한다면 그들은 나의 무위의 영향권 안에 들어온 사람들인 것이다.

내가 무위를 하면 그들은 나의 무위를 본다. 이것이 득도인이 외부에 영향을 주는 방법이다. 득도인은 타인에게 영향을 주거나 가르치려고 하지 않는다. 그들은 오히려 자신이 직접 나서서 영향을 줘야 하는 상황을 피한다. 타인의 격이 낮다는 사실을 인지하는 것에서 멈추고 타인의 격을 올려주려고 하지 않는다. 모델을 내놓기만 할 뿐 채택을 요구하지 않는다. 무위를 통해 나의 도를 보여주었는데 나의 모델이 괜찮으면 상대방이 그 모델을 채택할 것이다. 득도인이 천하를 얻기 위해서는 무위만 하면 된다. 다른 사람은 신경 쓰지 않아도 된다. 굳이 신경 써야 하는 일이 있다면 그것은 무위의 영향권을 늘리는 일이다. 여기에서도 타인에 대한 생각은 필요하지 않다.

이러한 득도인들과 반대로 타인에게 영향을 주려는 의지를 프랑스의 철학자 자크 랑시에르Jacques Rancière는 '바보 만들기'라고 부른다. [20]

그 예로 현대 예술가들의 바보 만들기를 살펴보자. 현대 예술가들은 자신들이 기존의 고전적 예술에 팽배해 있던 위계를 깬다고 주장한다. 기존 틀에서는 예술이 아니라고 하던 것도 예술이 될 수 있음을 보여주는 작품으로 예술의 성벽을 허문다는 관점이다.

하지만 이들은 일반 관객이 이해하지 못할 난해한 작품이나 '당신도 한 획 그어보세요. 아무나 예술을 할 수 있답니다' 라며 관객의 참여를 요구하는 작품들을 내놓는다. 하지만 이러한 작품들은 현대미술 작가들이 애초에 관객을 바보로 생각하고 있다는 속마음을 보여준다.

난해한 작품에는 작품을 이해하지 못하는 무지한 관객에게 무언가 가르치려는 메시지가 담겨 있고, 아무나 예술을 할 수 있다는 말은 애초에 '예술가'라는 단어가 '일반인'보다 높다는 생각이 담겨 있다. 현대 예술가들의 이러한 바보 만들기를 통해 오히려 새로운 위계가 만들어지는 것이다.

---

20) 자세한 내용은 자크 랑시에르의 〈무지한 스승〉(양창렬 옮김, 궁리, 2016)을 참고하라.

결국 영향력이 큰 득도인들은 의식적으로 영향을 주려고 노력하는 사람들이 아니라 무위의 영향권이 큰 사람들이다. 득도인은 매력적이라서 많은 사람을 만날수록 무위의 영향권이 늘어난다. 많은 사람과 대화를 나누고 자기 생각이 공유되고 지인들에게 득도인의 모델을 소개하면서 말이다. 이렇게 만들어진 무위의 영향권은 (민망하게도)득도인의 네트워크와 영향력이 된다.

그런데 이 내용을 읽고 성공을 위해 달리는 폭주 기관차 같은 비득도인들도 자신의 무위의 영향권을 늘려보려고 작정할 수 있다. 하지만 그들이 늘리는 것은 무위의 영향권이 아닌 유위의 영향권으로 오히려 부정적인 영향을 미칠 수 있다.

비득도인은 종속된 모델이 있기 때문에 반대모델을 채택한 사람과 충돌이 생길 수 있다. 또한 그들은 이따금 낮은 격의 모델들도 내놓기 때문에 안목이 높은 상대에게 흥미를 주지 못한다. 결과적으로 많은 사람들을 만날수록 자신보다 격이 낮은 사람들만 얻고 자신보다 격이 높은 사람들을 잃어가게 된다.

천하를 얻고 싶은 비득도인은 무언가 결과를 만들어내려고 하기보다는 먼저 득도를 위한 수련을 하는 것이 낫다. 당장 모델을 내놓고 유명해지고 싶겠지만 수련 없이는 높은 모델을 내놓을 수 없다.

득도의 공개와 유유상종
몇몇 독자들은 득도인이라면 자신의 득도를 밝히지 않을 것으로 생각할 수 있다. 득도인은 은거하여 자기 일에만 신경을 쓰고 다른 사람에게 굳이 자신이 득도한 사실을 이야기하지 않을 것 같기 때문이다.

하지만 득도의 공개 여부는 득도 여부와 무관하며 이는 온전히 득도인의 결정에 달려 있다. 예수, 싯다르타, 노자, 장자 등 득도인들은 자신이 득도했다는 사실을 숨기고 조용히 살았는가 아니면 자신이 득도했다는 사실을 굳이 부정하지는 않으며 많은 제자를 몰고 다녔는가? 위대한 성인들도 자신이 득도한 사실을 공개하긴 했었다.

물론 득도를 공개하거나 공개하지 않는 데에는 다양한 개인적 이유가 있을 수 있다. 득도를 공개하는 하나의 주된 이유는 유유상종(類類相從)을 통한 즐거움 때문이다. 비슷한 사람끼리 어울린다는 사자성어인 유유상종은 취향에 관한 이야기이기도 하지만 격에 관한 이야기기도 하다. 사람들은 자신의 격과 비슷한 높이의 모델들에 흥미를 느끼기 때문에 서로의 모델을 흥미로워하는 사람들이 어울리는 것은 자연스러운 현상이다.

역사적으로 탁월한 안목을 가지고 패러다임을 바꾸었던 인물들은 외로운 삶을 사는 경우가 많았다. 그들은 동시대의 모델들을 비판하는 경우가 많았기 때문에 주류 사회에서 환영받지 못했고 그들의 생각을 이해하는 사람들이 많지 않았기 때문이다. 그들은 결국 자신과 비슷한 높이의 사람들이 모인 그룹을 만든 경우가 많았다. 블룸즈버리 그룹, 잉클링스, 버밍엄 달 협회, 빈 학파 등 서로 다른 분야에서 높은 격의 사람들이 모여 흥미로운 대화로 밤을 지새웠을 것이다.

득도인이 자신의 높은 격을 드러내면 비슷한 높이의 사람들을 끌어당기게 된다. 그것을 원하는 득도인들은 사람들이 볼 수 있도록 높은 모델들을 공개하여 알아본 사람들이 접근해 주기를 기다린다.

물론 득도인들이 수동적으로 기다리기만 하는 것은 아니다. 득도인들은 훌륭한 모델을 찾아다니고 그런 모델을 내놓은 사람을 적극적으로 찾아다닌다. 훌륭하다고 생각하는 전시회, 연주회, 학회를 찾아다닌다. 이런 곳에서 자주 마주치는 사람들과 급속도로 가까워지는 경우들이 있는데 그것은 많은 이야기를 하지 않더라도 서로를 이해하는 지음(知音)을 느끼기 때문이다.

대체로 이러한 고품격 그룹은 시대를 앞서가는 안목을 가지고 있다. 반대로 대중적으로 인기 있는 모델을 좋아하는 사람들의 모임이라면 격(이성, 공감, 안목, 교양)이 낮은 사람들이 모여 있을 확률이 높다.

3일 차 요약

- 본인이 득도를 하기로 선택하여 득도할 수 있다.

- 실현 한계의 모든 모델을 앙상블 할 수 있는 것이 득도다.

주요 용어

단어	뜻
도를 행하다	거리낌 없이 무위함
도통	득도인이 도를 행하면 모든 일이 잘 풀리는 것
무위의 영향권	평소에 나를 바라보는 사람들

여담

수수케이키 / 정보발전기 / 2222

나머지 사항은 이미 모든 독자들의 기억에 남아있다

-호르헤 루이스 보르헤스 〈픽션들〉 중에서

1
비득도 적발하기

누군가의 비득도를 적발하기 위한 가장 잘못된 방법은 일부러 그를 때려서 화를 내는지 알아보는 것이다. 다행히 맞은 사람이 비득도인이라면 단순한 싸움으로 그칠 수도 있을 것이다. 하지만 맞은 사람이 열반에 가까운 득도인이라면 그가 너무 많은 생각에서 독립한 나머지 인간의 생명을 존중해야 한다는 모델에서까지 독립했을 수 있다. 그런 사람의 '무위킥'을 맞으면 생존을 장담할 수 없으니 조심해야 한다.

물론 지금까지 《열반 3000》을 따라온 독자라면 굳이 이 장을 읽지 않더라도 득도를 호소하는 비득도인들을 적발할 수 있을 것이다. 득도의 정의는 무궁무진하고 득도한 도 또한 다양하겠지만, 예를 들어 어떤 모델이 절대적 진리라고 주장하는 사람을 득도인으로 보기는 힘든 것처럼 말이다.

대부분의 비득도는 짧은 대화로도 적발된다. 따라서 대화 중 상대의 비득도가 금세 적발되지 않는다면 상대방도 상당히 높은 격을 가지고 있을 것으로 추측할 수 있다.

이 장에서는 비득도를 적발하는 다양한 예시들을 살펴본다. 격이 너무 낮아서 당연히 비득도인 경우는 굳이 언급하지 않겠다. 언뜻 자신들은 득도를 향하고 있다고 생각할 것 같지만 사실은 비득도인 경우에 관해 이야기한다.

이상주의자, 본질주의자

어떠한 가치체계가 절대적 이상이라 생각하며 종속된 자들이다. 예를 들어 돈, 명예, 권력, 윤리, 도덕, 국가, 민족, 정치이념은 물론 이 글을 읽는 우리가 '왜 빠져 있지?'라고 생각하는 바로 그 지표를 올리기 위해 사는 사람들은 1차원적 모델에 종속된 비득도인들이다. 아무리 격, 이성, 안목, 교양처럼 그 가치가 보편적으로 보여도 말이다.

그들은 자신을 위한 인생이 아닌 가치를 위한 인생을 산다. 역사에서 쉽게 확인할 수 있듯이 가치에 완전히 종속되면 자신이나 타인의 목숨을 뺏을 수도 있다고 생각한다.

하나의 이상을 향하여 평생 수련해 온 사람의 인생이 숭고해 보일 수는 있다. 그러나 그가 자신의 이상에 위배되는 생각도 포용할 수 있는지 확인해 봐야 한다. 평생 어떤 지표를 올리기 위한 인생을 살아온 사람 중에는 반대되는 생각을 수용하지 못하는 경우가 많다. 그들은 결국 반쪽짜리 인생을 산 것이다.

개인이 얼마나 수월하게 득도할 수 있는지는 본질이 없다는 생각을 얼마나 잘 받아들일 수 있는지와 비슷하다. 하지만 많은 사람들에게 이것이 어려운 이유는 우리가 받은 본질주의적 교육이 이분법적 사고를 습관화시켰기 때문이다. 아무리 철학을 전공하고 모든 현대 철학 이론을 이해하고 《열반 3000》을 읽어서 모델의 앙상블이 무슨 뜻인지를 완벽히 이해해도 결국 종속에서 독립하지 못하는 사람들은 평생 괴로움을 벗어날 수 없을 것이다.

"난 그런 세상에서 자라와서 어쩔 수 없어"라고?

그렇다. 당신은 결국 득도하지 못할 것이다.

본질주의적 교육이 개인의 격을 높이지 못하게 하는 면도 있지만 역사적으로 전 인류의 격을 높이는데 크게 이바지한 것도 사실이다. 가치나 도덕 체계는 방대한 인간 경험을 추상화한 결과물이어서 아기처럼 아무것도 모르는 야만적인 상태의 사람들에게는 그 시대의 인류 맥락을 효율적으로 전달해 준다. 이는 역사적으로 사회를 효율적으로 통제하는 데에 큰 도움을 주었다. 그러한 가치들을 끊임없이 학습시킨 결과가 바로 지금 있는 그대로의 자랑스러운 인류다.

하지만 이런 본질주의적 교육 시스템의 역할은 어디까지나 '야만인'을 '시민'까지 성장시키는 데 그친다. 득도하려는 개인은 다시 그 교육에서, 즉 자신이 종속된 가치체계에서 독립해야 한다. 그렇다고 애초에 본질주의적 교육을 피한다면 시민까지도 가지 못할 것이다.

모든 가치에서 독립한 득도인의 격은 그 어떠한 개별 가치의 격보다도 높아진다. 이런 그는 어떤 가치를 채택하더라도 그 가치에 과몰입하지 않을 수 있게 된다. 〈도덕경〉 7장에서 득도인은 앞서가려 하지 않기 때문에 오히려 앞서 있고 몸을 사리지 않기 때문에 오히려 생존한다고 이야기한다. 득도인은 이처럼 가치에 무관심해 보이지만 결국 그 가치를 가장 많이 만들어내기도 한다. 가치에 종속된 비득도인은 왜 자신이 그토록 원하는 가치에서조차 득도인이 앞서는지 영문을 모른다. 그들은 득도인의 운이 좋다고만 생각한다.

원칙주의자

원칙이나 루틴을 적극적으로 만들어내고 지키고자 노력하는 사람들이 있다. 하지만 이제 우리는 원칙이 하나씩 생길 때마다 자신이 사는 세계가 절반으로 줄어든다는 사실을 안다. 모든 원칙을 버리고 대립 면의 중간으로 가야 내가 사는 세상이 1,024배 넓어진다.

노자 〈도덕경〉 73장의 천망회회(天網恢恢)는 하늘의 그물이 엉성하기 때문에 오히려 빠져나가지 못한다는 이야기로 원칙이 적을수록 오히려 강력해진다는 말을 은유한 것이다. 현대미술에서 예술이 무엇인지 정의하려고 하지 않는 이유도 마찬가지다. 예술을 한정 짓지 않아야 더 많은 것이 예술이 될 수 있기 때문이다.

자신이 지키는 원칙의 개수를 늘리려는 성향은 습관적이다. 본질주의적 철학(스토아 철학, 공자 등)이나 자기계발서에 과몰입하면 그런 습관이 생길 수 있다. 하지만 원칙을 끊임없이 늘리고 지키려는 성향은 득도의 길과 반대 방향으로 걷는 일이다.

득도인은 원칙을 줄이려고 한다. 원칙도 본질주의적 교육처럼 자신의 감정에 휘둘리는 야만 상태를 벗어나기까지만 그 역할이 있을 수 있다. 득도인은 이러한 원칙들에서 독립하고 오히려 앙상블을 위한 재료 모델로 사용한다.

원칙을 만들려는 성향은 목적성이 존재하는 분야에서 득세한다. 이런 분야의 사람들은 격이 성장하지 않는다. 목적성이 참^{true}인 절반의 세상 안에서만 행동해야 하기 때문이다. 결과적으로 그런 분야에는 격이 낮은 사람들만 모여있을 확률이 높게 된다.

원칙을 만들기 좋아하는 지인이 있는가? 그 지인이 종사하는 분야가 공교롭게도 명확한 목적성이 있는 분야인 것은 우연이 아니다. 그가 그 분야를 벗어나야 수월하게 득도할 수 있을 것이다. 모이기만 하면 매출이나 투자, 정치나 가치판단, 믿음과 같은 이야기밖에 안 하는 사람들 사이에서 어떻게 성장하겠는가? 그리고 위대한 모델들을 하나도 접해보지 않은 사람들과 대화하며 어떻게 위대한 모델을 만들어내겠는가?

선한 영향력을 미치고 싶다는 사람

'선한 영향을 주고 싶다'는 모든 단어에서 트집을 잡을 수 있는 가장 낮은 격의 문장 중 하나다. 도대체 무엇이 선한 것인가? 그리고 영향은 왜 행사하고 싶은 것인가? 이 사람은 자신의 주관적 선(善) 모델이 절대적인 선이라고 생각하는 모양이다. 그들은 '이거 좋은 건데 먹어봐'라며 다른 사람에게 자신의 모델을 강요한다.

'선한 세상을 만들고 싶다'부터는 슬슬 위험해지기 시작한다. 다른 사람들과 세상을 자신의 주관대로 바꾸고 싶다고 선언했기 때문이다. '효과적 이타주의'는 더욱 무섭다. 그들은 자신의 주관이 진리라고 믿으면서 세상에 큰 영향을 미칠 수 있는 압도적인 역량까지 가진 사람들이기 때문이다. 선한 영향을 주고 싶다는 사람 중 철학책을 5권 정도 읽은 사람이라면 자신이 옳다는 독단에 빠져있는 것이고 유튜브 영상만 5개 정도 본 사람이라면 그냥 무작위적인 말을 하는 것이다.

흔히 사람들은 선하다고 하는 대상들이 올바르고 착하며 도덕적 기준에 맞는 것으로 이해한다. 하지만 본래 선은 탁월하다는 의미다. 〈도덕경〉 8장의 '거선지, 심선연, 여선인, 언선신, 정선치, 사선능, 동선시'는 여러 경우에서 무엇이 착한지가 아니라 무엇이 탁월한가를 이야기한다.

기거하기에는 낮은 땅이 탁월하고(거선지), 마음을 쓸 때는 깊이 살피는 것이 탁월하고(심선연), 사람을 사귈 때는 어진 것이 탁월하고(여선인), 말할 때는 믿음직한 것이 탁월하고(언선신), 다스릴 때는 질서 있는 것이 탁월하고(정선치), 일할 때는 능숙한 것이 탁월하고(사선능), 움직일 때는 적절한 때를 아는 것이 탁월하다(동선시)는 이야기다.

득도인은 자신의 스타일로 무위를 할 뿐 영향력을 미치려고 하지 않는다. 세상이 자신이 내놓은 모델을 채택하는지는 오직 세상의 결정으로 남겨놓는다. 선한 영향을 주고 싶다고 말하는 지인에게 《열반 3000》을 선물한다면 앞으로 그런 얕은 말은 듣지 않아도 될 것이다.

짜증 내거나 화내는 사람

득도인들은 짜증이나 화를 내지 않는다. '짜증 난다'라는 한 마디는 그가 비득도인이라는 명백한 증거다.

득도인들은 모든 현상이 큰 현상의 일부라는 사실을 안다. 그들은 현재 가진 정보와 맥락에서는 이 상황이 불합리해 보이더라도 이 상황을 품고 있는 더 큰 상황을 알면 이 상황이 자연스럽고 사소하게 보일 것을 이미 알고 있다. 작은 세상에 사는 작은 사람은 현재 상황에 짜증과 화가 날 것이고 큰 세상에서 사는 큰 사람은 현재 상황을 설명할 수 있는 더 큰 모델을 찾으려고 할 것이다.

살고 있는 세상의 크기에 대한 개념을 4살 아이를 통해 이해해 볼 수 있다. 4살 아이는 먹던 사탕을 땅에 떨어뜨리면 속상해서 운다. 아이들은 현재 먹고 있는 사탕이 자기 삶의 전부이기 때문에 사탕을 떨어뜨리면 세상을 잃은 것처럼 울기도 한다. (CPU의 미래 코어가 아직 발달하지 않아서일까?) 하지만 성인들이 사는 세상에서 사탕은 아주 작은 것이기 때문에 성인들은 사탕을 떨어뜨려도 울지 않는다.

《열반 3000》을 읽는 우리가 생각하는 어린아이와 득도인이 생각하는 비득도인이 비슷한 관계다. 주식투자에서 손해를 봤거나 연인과 헤어져서 상심한 비득도인들에게 득도인이 '괜찮다'고 건네는 이성적 위로는 우는 아이를 달래주는 일과 비슷하다. 왜 세상이 끝난 것은 아닌지에 대한 모델들을 끊임없이 생산하여 건네주는 것이다. 사는 세계가 작다면(짧다면) 작은 일에 일희일비하게 된다. 득도인들은 세상은 넓고 인생은 길다는 사실을 알기 때문에 일희일비하지 않고 장기적으로 생각할 수 있다.

하지만 자기 그릇의 작음을 스스로 인지하기란 쉽지 않다. 여기서 자신의 그릇을 인지할 수 있도록 도와주는 한 가지 테크닉을 소개한다. 우선 친구가 화를 낸다면 다음과 같이 말해주자.

"보여주지 마라."

그렇다면 친구가 당황하여 물어볼 것이다.

"무엇을 보여주지 마?"

그렇다면 대답해 주자.

"너의 작음을…"

친구가 다음에 또 화를 낼 때는 한마디만 하면 된다.

"보여주지 마라."

그 다음부터는 '보여주지 말라'는 말도 할 필요가 없어진다. 친구는 화를 내기 전에 이미 독자가 뭐라고 반응할지 알고 있기 때문이다. 친구는 미리 부끄러워져서 화를 내지 않게 될 것이다. 또한 친구뿐만이 아니라 독자까지 덩달아 자신의 작은 모습을 보여주지 않게 될 것이다. 그런 모습을 보였다가는 친구가 뭐라고 반응할지 알고 있기 때문이다. 아주 훌륭한 원원$^{win-win}$이 아닐 수 없다.

두 사람이 싸우는 것은 사실 싸움의 주제로 싸우는 것이 아니라 누구의 그릇이 더 작은지 싸우는 일과 같다. 앞선 이야기와 마찬가지로 이런 생각을 해본 사람끼리는 싸우지 않을 수 있다. 이제 감정적 싸움은 없어지고 관계는 윤택해질 것이다.

하지만 여기서 조심해야 하는 경우가 있는데 상대방이 '그래 나 작다!' 를 시전하면 바로 도망가야 한다. 이 신호는 상대방이 교양인으로서의 최후의 선을 넘어버리겠다는 의지를 내비친 것이기 때문이다. 이때 말대꾸를 했다가는 오랑우탄이 된 친구에게 바로 찢겨버릴 것이다.

그런데 《열반 3000》을 읽은 우리 또한 '자고로 사람은 격이 높아야 한다'는 모델에 자칫 종속될 수 있음을 주의해야 한다. 격이 높아야 한다는 생각에 종속된 상태에서 '보여주지 마라'를 남발하게 되면 많은 친구들을 잃을 수 있다. 용서받을 수 있는 놀림과 없는 놀림의 미묘한 경계를 줄타기하는 데에는 극도로 예민한 감각이 필요하며 평생 깐죽대 오던 사람만이 그것을 잘 해낼 수 있다.

그렇다면 왜 안전한 말만 하지 않고 이런 위험을 감수하는 줄타기를 하는가? 재미있으니까. 비득도인들을 놀리는 재미는 상상 이상이다. 하지만 이는 비득도인의 공분을 살 수 있으니 안전하게 조언을 주고 싶다면 다음과 같이 이야기하면 된다.

득도인 : (100만원을 건네며) 너의 작음을 보여주지 마라.

비득도인 : 그래 뭐 더 불편한 건 없어?

깊은 생각을 회피하는 사람

거의 모든 비득도인은 깊은 생각을 피한다. 깊은 생각을 하더라도 그중 일부만 득도하게 되지만 말이다. 깊은 생각을 피하는 성향의 원인은 자신의 낮은 이성이 측정되기를 부끄러워하거나 어차피 생각하지 못할 것 같아서 애초에 포기하거나 고된 이성의 수련 과정을 회피하거나, 무기력하여 시도할 동기가 없거나 심리적으로 기분이 나빠서 "안 해!"라고 소리를 지르는 등 다양한 면들이 복합적으로 어우러지는 종합예술이다.

로버트 피어시그Robert M. Pirsig의 〈선과 모터사이클 관리술〉Zen and the Art of Motorcycle Maintenance은 1인칭 화자인 주인공이 아들 크리스와 친구 존 부부와 함께 17일간 모터사이클 여행을 하는 소설이다. 이 책에는 격이 높은 사람의 평상시 사고 과정이 잘 묘사되어 있다. 핵심 주제는 질

quality에 관한 철학적 탐구다. 이 소설에서는 '공학 기술에 대한 회피'가 반복적으로 다뤄지는데 이는 '깊은 생각에 대한 회피' 또는 '이성의 수련 회피'에 대한 은유라 볼 수 있다.

주인공의 친구 존은 공학적인 생각을 과도하리만치 회피한다. 그는 자신의 비싼 모터사이클에서 발생하는 문제들로 골치를 앓으면서도 기본적인 공학적 지식을 최대한 듣지 않으려고 애쓴다. 예를 들어 여행 중 존의 모터사이클에 시동이 걸리지 않아 주인공이 엔진에 연료가 너무 많이 들어갔다고 원인을 알려주어도 듣지 않고 끊임없이 시동을 걸려고 한다거나 말이다.

깊은 생각이나 복잡한 모델을 회피하는 성향의 사람들은 인생을 살면서 격이 거의 높아지지 않는다. 어렸을 적 같이 어울렸던 친구라도 시간이 흐른 후에 이러한 성향의 차이가 격의 차이를 만들어낸다. 이러한 격의 차이는 아주 천천히 누적되는데 그 차이가 실질적으로 드러나는 것은 한참 시간이 지난 후다.

돌이킬 수 없어진 그때가 오고 말았다면 깊은 생각을 회피하던 사람은 지인들이 하는 이야기들을 알아들은 척하며 미소만 짓게 된다. 이제 와서 기초부터 물어보기에는 부끄러워진 늪에 빠져버린 것이다.

이런 사람은 자신이 말해야 하는 상황을 어떻게든 피해서 자신의 낮은 이성을 들키지 않으려고 할 것이다. 하지만 안목까지 속일 수는 없다. 의, 식, 주, 그리고 자신이 잘 어울리는 사람들 등 우리의 선택들에 안목이 이미 반영되어 있기 때문이다.

어떤 사람의 안목은 그가 어울리는 사람들의 평균이다. 취향이 아니라 격의 관점에서 말이다. 깊은 생각을 피하면 득도할 수 없다. 깊은 생각을 피하는 사람은 비득도인이다.

도피의 늪에 빠지게 되면 이때부터의 삶의 모든 결정은 채택이 아닌 믿음이 된다. 죽을 때까지 아무것도 스스로 생각하지 못하게 되는 것이다. 이는 마치 2학년 내용을 하나도 이해하지 못한 대학생이 3학년 과목들을 수강해 D를 받고 4학년이 되어버린 것과 비슷하다. 재수강을 할 것인가 대충 이해한 척 하다가 졸업할 것인가? 늦게나마 수련을 시작할 것인가, 이대로 죽음과 다름없는 눈치 보는 인생을 살 것인가?

창조하지 않는 사람

아무리 안목이 높더라도 위대한 문학작품을 읽기만 하고 위대한 음악을 듣기만 하고 위대한 철학을 공부하기만 하는 사람은 비득도인이다. 어떤 형식이든 높은 모델을 창조한다는 사실이 드러나지 않는 사람은 비득도인이다.

득도인들은 글을 쓴다거나 베이스기타를 연주한다거나 미술 컬렉션을 한다거나 아르헨티나 탱고를 춘다거나 인공지능을 연구한다거나 어떠한 형태로든 높은 모델을 내놓는다. 소박하게는 다른 사람이 만들어낸 모델들에 대한 비평 모델이라도 만든다.

아무리 높은 모델만을 감상하는 훌륭한 안목이 있다고 하더라도 직접 모델을 생산하지 않고 다른 모델을 구경만 하는 독서가, 음악 감상자, 미술 감상자, 미식가, 기술자에서 멈춘 사람들은 비득도인이다.

창조하지 않는 사람을 비득도인이라 할 수 있는 이유는 창조적 활동 없이는 자신의 최대 에센스에 다가갈 수 없기 때문이다. 격은 높은 점을 직접 찍어보면서 성장한다. 수영 테크닉을 책으로 아무리 공부해도 실제로 수영을 해봐야만 수영의 격이 높아지고, 언어를 책으로 공부해도 실제로 구사해봐야만 언어의 격이 높아질 수 있듯이 말이다. 직접 높은 모델을 만들어봐야만 자신의 격이 높아질 수 있다.

물론 득도인도 자신이 접하는 모든 분야에서 창조적 활동을 하지는 않을 것이다. 다만 아무 분야에서도 창조하지 않는다면 그는 비득도인이다. 자기 맥락의 바깥에다 점을 창조하는 일은 매우 힘들기 때문에 득도인이라고 하더라도 그가 창조하는 대부분의 모델은 자신의 맥락을 넘지 않을 것이다. 하지만 자신이 만족하지 못하더라도 타인이 보았을 때는 높은 모델을 내놓고 있을 것이다.

2
격의 훈련에서
문학 vs 철학 그리고 삶

우리는 다양한 형태의 모델들과 각자의 방법으로 관계하며 격이 높아진다. 우리가 깨달음을 가져가는 방식에 따라 모델의 대표적 형태 두가지를 생각해 볼 수 있다. 하나는 문학작품이고 다른 하나는 철학 이론 체계다. 이 두 가지 형태의 모델들을 접하는 방식을 통해 우리의 격이 어떻게 훈련되는지 이야기해 보자.

뜬금없이 그래프론에서의 DFS와 BFS 소개

하지만 그 전에 수학의 한 분야인 그래프론Graph Theory에서 트리를 탐색하는 두 가지 알고리즘을 살펴볼 것이다. 트리tree는 정점node과 간선edge으로 이루어진 구조다.

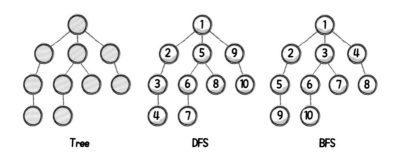

위 그림의 왼쪽처럼 하나의 뿌리root로부터 가지들이 뻗어있는 나무 모양을 가진다. 트리를 종이에 그렸을 때 정점을 어디에 그렸는지는 중요하지 않고 정점들 간의 연결성만이 의미를 가진다. 따라서 똑같은 트리에서 다른 정점을 뿌리로 설정해도 역시 트리가 된다. 그리고 같은 이유로 트리를 위아래로 뒤집어서 그려도 된다. 그림에서는 독자를 최대한 헷갈리게 하기 위해서 나무를 위아래로 뒤집은 것이 아니다. 그래프론에서 트리를 통상 아래로 뻗어나가는 나무로 그리기 때문에 그렇게 그린 것이다. 여기서 가장 먼 정점이 뿌리로부터 얼마나 떨어져 있는지가 트리의 깊이depth다.

그림의 트리에서 가장 위쪽의 정점들을 뿌리라고 설정하자. 그러면 아래 그림의 트리들은 깊이가 3짜리 트리들이고 가운데 그림에서 6이라고 쓰여있는 정점은 깊이 2에 있는 정점이다. 그리고 두 트리 모두 1번이라고 쓰여있는 뿌리 정점은 깊이 0에 있다.

트리의 모든 정점을 한 번씩 탐색하는 알고리즘인 깊이 우선 탐색^{DFS depth-first search}과 너비 우선 탐색^{BFS breadth-first search}을 비교하여 살펴보자.

DFS는 뿌리부터 시작하여 가능한 아래로 깊이 내려가고 더 이상 내려갈 수 없을 때 옆으로 이동하는 방식이다. 가운데 그림에서 4→5와 7→8을 주목해서 보면 이해할 수 있을 것이다.

BFS는 얕은 정점부터 탐색하여 더 이상 옆으로 갈 수 없을 때 아래로 이동하는 방식이다. 오른쪽 그림에서 4→5와 8→9를 주목해서 보면 된다.

문학과 철학 이야기를 하다가 갑자기 트리 탐색 알고리즘을 소개한 이유는 우리가 문학과 철학 모델을 접하는 방식이 DFS, BFS와 닮았기 때문이다. 지금까지 우리는 인류 맥락을 생각들의 집합으로 상상했다. 여기서는 인류 맥락을 트리의 구조로 상상해 볼 것이다. 인류 맥락 안의 각 모델이 트리의 정점이 되며 맥락의 포함관계에 의해 간선이 그어진다.

즉, 어떤 모델의 맥락을 포함하는 더 큰 모델이 있으면 원래 모델의 아래로 간선을 그려서 큰 모델로 이어지는 것이다. 격의 정의상 깊게 내려갈수록 격이 높아질 것이다.

이를 조각 작품을 만드는 과정에 빗대어 살펴보자. 대강 빚은 조각 작품은 얕은 깊이에 위치하게 되고 작품을 다듬으며 점점 해상도가 높아지면서 더 깊은 정점으로 간선이 이어지게 된다. 시간이 흐르면서 격이 더 높은 모델들이 만들어지면 인류 맥락 트리가 아래쪽으로 더 뻗어나가게 된다. 장르가 만들어지며 새로운 가지들이 생기기도 하고 잊힌 지식의 정점들이 사라지기도 하면서 말이다. 문학작품과 철학 이론 체계가 격의 훈련 재료가 되는 방식은 다음과 같다.

문학작품으로의 격의 수련

문학작품은 트리에 있는 하나의 정점이다. 문학작품의 격이 높을수록 작품 정점의 깊이가 깊을 것이다. 한 문학작품을 읽는다는 것은 그 작품의 정점을 찾아가는 일과 같다. 물론 그 작품의 정점으로 순간 이동하는 것은 아니다. 우리의 교양에 따라 정점에 도달하기까지 지나가는 수많은 질문의 정점을 스스로 탐방하는 것이다. 교양이 높으면 그 과정에서 많은 정점을 지나가게 될 것이고 교양이 낮으면 몇몇 얕은 깊이의 정점만 지나가다가 책을 다 읽어도 핵심 모델에 접근하지 못할 수도 있다.

결국 위대한 문학을 읽는 일은 인류 맥락 트리에서 가장 깊은 곳에 존재하는 정점을 탐방하는 일과 같다. 알베르 카뮈의 〈이방인〉에서도 우리는 주인공이 겪는 일련의 우연적 사건들을 따라가며 작가의 탁월한 묘사를 통해 주인공의 상황과 감정에 이입하게 된다. 이 과정에서 자신의 교양에 따라 다양한 문제들에 관하여 고민하기도 한다. 이러한 준비 과정을 통해 우리는 주인공에게 이입하게 되고 후반 클라이막스를 통해 비로소 주인공 내면의 핵심 모델을 접하게 되며 〈이방인〉 모델이 위치한 깊은 정점에 도착한다. 앞서 겪은 모든 과정은 이 하나의 정점에 도달하기 위한 준비였던 것이다. 이렇게 문학작품을 하나씩 읽는 일은 우리는 마치 DFS로 깊은 정점을 하나씩 찾아가는 일과 비슷하다.

하지만 문학 작품이 아주 특수한 상황의 주인공에 대한 이야기라면, 인류 맥락 트리에는 그 작품보다 깊은 정점이 없을 수도 있다. [21]

예를 들어 이치카와 사오의 소설 〈헌치백〉은 중증 장애가 있는 여성의 성적 욕망에 관한 이야기다. 소설의 주인공인 샤카는 근세관성근증 환자로 척추가 휘어서 스스로 걸을 수 없고 인공호흡 장치 없이는 스스로 숨을 쉴 수도 없다. 그런 그녀가 출산하게 되면 본인과 태아가 둘 다 위험해지는 것은 당연하다.

《열반 3000》을 읽지 않은 사람들은 자신이 가질 수 없는 것을 증오하게 된다고 했던가. 샤카의 성적 욕망은 '평범한 여자 사람처럼 임신하고 중절해 보는 것이 나의 꿈입니다'로 귀결되면서 소설 속의 주요 이야기들이 펼쳐진다.

만약 〈헌치백〉이라는 소설이 없었다면 대부분의 사람은 중증 장애인의 성적 욕망에 대해 다각도로 생각 해보지 못했을 것이다. 더 나아가 이러한 주제가 존재한다는 사실조차 인지하지 못했을 수도 있다. 이처럼 소수의 당사자에 관한 이야기는 우리가 어디에서도 접해보지 못할 경험을 잠시나마 간접적으로 할 수 있게 해준다. 우리가 인류 맥락 트리에서 절대 탐방하지 않았을 구석에 있는 정점을 탐방하게 해주는 것이다.

플라톤 이후 본질주의를 깨기 위해 얼마나 큰 노력이 있었는가. 우리의 언어로 표현하면 소설의 주인공들은 일련의 사건들을 통해 '그 모델은 진리가 아니라 모델일 뿐이야'라는 정점을 탐방하는 것이다. 그

---

21) 수학에서 모든 것이 자신보다 낮다면 maximum, 자신보다 높은 것이 없다면 maximal이라고 부른다.

러면서 작품을 읽는 독자도 주인공과 함께 그 정점을 탐방하게 된다.

　이렇게 문학작품을 읽는 일은 단일 정점을 찾아가는 사례 연구에 가까운 면이 있다. 하지만 우리에게는 시간이 무한히 주어지지 않기 때문에 이렇게 정점을 하나씩 탐방해서는 인류 맥락의 많은 모델들을 접해보지 못할 것이다. 문학작품으로만 수련한 사람이 탐방한 정점들은 마치 앙상한 나무처럼 생겼을 것이다.

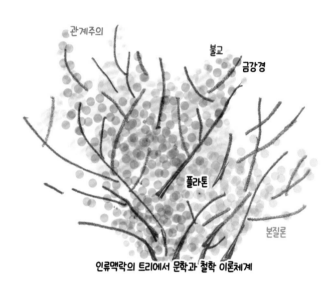

인류맥락의 트리에서 문학과 철학 이론체계

철학 이론 체계로의 격의 수련

철학 이론 체계는 위 그림처럼 트리의 많은 정점들이 포함된 어떤 영역을 덮는 담요로 상상할 수 있다. 이론 체계들은 우리에게 친숙한 현상이나 개념에서 출발하여 얕은 정점들을 구성하며 점차 해상도 높고 깊은 정점들을 조합해 나간다. 이 과정은 BFS와 닮아있다. 다음 깊이로 내려가기 위해서는 필요한 재료들을 미리 만들어놔야 하기 때문이다.

　여기서 재료라는 것은 철학자가 생각하는 과정의 순서에 따라 필요했던 재료를 말하는 것이다. 이는 이론 체계가 기술된 순서와는 다를 수 있다. 실제 철학 이론 체계들은 철학자가 이론 체계를 만들 당시의 생각 순서가 아니라 이론 체계가 추상화된 이후 매끄럽게 설명할 수 있는 순서로 기술된다. 따라서 이론 체계에서 초반부에 소개되는 기본 개념들이라고 해서 그것이 얕은 정점인 것은 아니다. 어떤 철학 이론 체계에서 소개한 첫 번째 개념이 가장 깊은 모델일 수 있다.

추상화된 이론 체계는 다양한 질문에 대한 답을 이미 포함하고 있으므로 여러 정점을 직접 탐방할 필요가 없게 해준다. 이론 체계는 많은 정점을 직접 덮어버리기 때문이다. 따라서 아직 높은 격이 만들어지지 않은 사람은 문학작품과 같은 개별 정점을 탐방하기보다는 철학 이론 체계를 학습하는 것이 격의 수련에 있어서 더 효율적일 수 있다.

　예를 들어 거의 모든 문학작품은 본질주의의 죽음과 실존주의, 그리고 구조주의를 통해 설명된다. 풀어서 쓰자면 진리라고 믿었던 것이 진리가 아님을 알게 되는 주인공이 당혹스러워하고 자신의 선택에 따라 앞으로 나아가기로 하는 것으로, 이를 극복하는 과정에서 어쩔 수 없이 주변 환경의 영향을 받는 이야기이다. 이 사실을 안다면 문학작품을 읽지 않더라도 그 내용을 어느 정도 이해할 수 있다.

　이론 체계를 통해 인류 맥락의 경계에 있는 높은 모델들을 접하기 위해서는 철학자만큼의 높이에서 사유할 수 있는 강력한 이성의 격이 필요하다. 하지만 그런 사람은 거의 없기 때문에 철학 이론 체계만으로 수련해서는 높은 격이 만들어지기 힘들다. 결국 가장 높은 격에 접근하려면 이성이나 공감의 끝에 있는 모델들의 실제 예시들을 접해봐야만 한다. 이때는 이론 체계보다는 사례를 접하는 것이 쉽다. 따라서 철학 이론 체계와 문학작품을 함께 접해야 풍부하면서도 높게 뻗은 맥락의 나무를 만들어낼 수 있다.

삶으로의 격의 수련

문학작품과 철학의 비교는 사례와 이론의 차이점에 관한 이야기였다. 문학이나 철학이 아니라 영화, 음악, 미술작품, 기업 전략, 육아 등 다양한 형태의 모델들은 모두 사례와 이론의 중간 어딘가에 존재하는 앙상블 모델들이다. 하지만 어떤 모델로 수련하든 결국 높은 격에 도달하기만 하면 자신의 격 아래에 있는 모델들을 거의 다룰 수 있게 된다. 결과적으로 만들어지는 격만 중요하다.

하지만 우리를 가장 높은 격에 도달하게 해줄 수 있는 모델은 역시 우리 각자의 인생이다. 직접적인 경험에서 나오는 엄청난 정보량과 자기의 인생 모델을 스스로 만드는 자기만의 시간은 그 누구도 대신해 줄 수 없는 것이다. 나에게 가장 높은 모델은 문학에도 없고 철학에도 없다. 한 명의 작가가 아무리 다양한 문학작품과 철학 이론을 쓰더라도 결국 한 사람이 쓴 티가 난다. 그 작가의 모든 작품이 작가 인생 모델의 하위 모델이기 때문이다.

자신의 인생 모델은 스스로에게 그 어떠한 경전보다 많은 맥락을 온전하게 느끼게 해줄 것이며 그 어떤 모델보다 큰 감동을 줄 것이다. 자기의 인생 모델이 자기의 인생에서 관계할 수 있는 가장 높은 모델이다.

자신의 인생 모델이 가장 높은 모델이 되는 순간(인류맥락의 위대한 모델들보다도 높아지는 순간) 자신만의 고유성originality이 무엇인지 알게 된다. 그리고 이러한 고유성이 자신의 이름다움이나. 이것을 부르는 다른 말이 득도다.

이렇게 격이 높은 모델을 만들 수 있는 재료를 가지고 있으면서도 그 진가를 알아보지 못하고 다른 사람의 모델만 학습하는 것만큼 딱한 삶은 없다. 물론 모두가 어떻게 해야 한다는 이야기는 아니니 부담을 가질 필요는 없다.

3
관계와 협업

득도인은 여러 방면으로 높은 모델들을 내놓아 유능할 것이다. 높은 공감으로 타인들과의 관계도 나쁘지 않을 것이다. 살고 있는 세계도 크기 때문에 감정의 동요도 없을 것이고 유머도 있을 것이다. 따라서 이들은 마음이 맞는 사람이나 단체와의 협업에서 압도적인 성과를 만들어낼 수 있다.

하지만 득도인도 생존의 이유로 어쩔 수 없이 마음이 맞지 않는 사람이나 단체의 총체적 목적을 최대화해야 하는 상황에 있을 수 있다. 잡스러운 장소에 자신을 두지 않는 것보다는 생존이 먼저이기 때문이다.

이때는 타인과의 관계를 다치게 하지 않으면서도 단체가 총체적 목적을 달성할 수 있도록 만들어야 한다. 일반적인 이야기는 데일 카네기Dale Carnegie의 〈인간관계론〉에 잘 나와 있을 것이다. 하지만 여기서는 특히 득도인이기 때문에 문제가 생길 수 있는 경우들을 살펴보자.

안목의 작동을 숨겨야 하는 상황

앞서 우리는 짜증 내거나 화내는 사람에게 사용할 수 있는 '보여주지 마라' 테크닉에 관해 이야기했다. 하지만 협업 시에 능력과 관련된 영역에 이 테크닉을 사용하면 안 된다. 즉 '보여주지 마라, 너의 무능을'은 금지된다.

물론 동료의 무능이 유치한 결과를 낸 원인일 수도 있겠지만 피드백을 그 업무의 결과에 한정해야 한다. 무능하다는 이야기는 그의 동기를 없애기 때문이다. 동료의 입장에서는 자신이 무슨 행동을 하더라도 높은 안목에서 보면 부족하게 보일 것이라서 아무 행동도 할 수 없게 된다. 이렇게 되면 팀이 목적을 달성하기 힘들다.

낮은 모델에 대한 좋은 반응의 예시는 "아주 좋아. 그런데 여기서 이거 하나만 고칠까?"이다. 안목의 작동은 숨기면서 창조성은 사용하는 것이다. 득도인이 내놓은 높은 모델을 접하면서 동료들은 성장할지도 모른다.《열반 3000》을 읽고 득도한 사람들만 모인 드림팀이 있다면 좋겠지만 보통 사람들의 위대한 승리를 만드는 것이 바로 팀워크다. 이런 팀을 만들기 위해서는 팀원들이 오랫동안 동기를 잃지 않고 행복하게 성장할 수 있을 정도의 긴 호흡으로, 그렇지만 팀 구성이 영원히 고정되어 있지는 않다는 짧은 호흡으로 생각해야 한다.

말한다면 잘 들리게 말하기

효과적 협업을 위해서는 상대방에게 잘 들리게 말하는 것이 중요하다. 이러한 말의 몇 가지 특성에 관해 이야기해 보자.

첫째는 상대의 생존을 위협하면 안 된다는 것이다. 생존을 위협하는 사람은 적이 되기 때문이다. 한 번 닫힌 마음은 돌이키기 힘들다. 사람이 비합리적으로 되는 거의 유일한 상황은 자신의 생존이 위협받았을 경우다. 누군가가 비합리적이 된 이후부터는 많은 무작위성이 생기게 되고 목적을 달성하는 데 대응해야 하는 변수가 많아진다.

둘째는 상대의 이성보다 약간만 더 높은 모델이 상대방에게 가장 흥미롭다는 점이다. 어떤 모델을 이해해 보려고 노력하면서 하루에 3번 정성껏 기도하다가 믿게 되는 경우와 비슷한 상황이 만들어질 수 있다.

또한 모델을 이해하는 데 성공한 성취감은 그 모델에 대한 호감을 만들어내게 된다. 이는 학생을 가르칠 때 그의 능력보다 약간 어려운 과제를 주면 동기부여뿐만 아니라 학습효과까지 좋다는 교육계의 오랜 지혜와도 일맥상통한다. 이해해내지 못할 모델은 채택될 수 없다.

셋째는 상대방의 동기가 생기는 방식으로 말할 수 있다는 점이다. 사람마다 어떤 행동에서 얻을 이익과 필요한 비용 중 어디에 중점을 두는지가 다르다. 상대방이 이익의 극대화promotion와 비용의 최소화

prevention 중 어디서 동기를 얻는 성향인지에 따라 말을 다르게 해야 한다. 그래야 잘 들린다.

예를 들어 '우리가 케이크도 팔면 매출이 대박 나겠는데?'라고 한다면 이익을 극대화하는 사람들의 가슴은 뛰기 시작한다. 하지만 비용을 최소화하려는 사람들은 굳이 왜 해야 하나 생각한다. 반대로 '손님들이 케이크를 먹으러 옆 카페로 가서 우리 매출이 떨어지면 네가 책임질 거야?'라고 한다면 비용을 최소화하려는 사람들의 가슴은 철렁한다. 이렇게 상대방에게 더 잘 들리는 방식으로 이야기하여 효과적인 소통을 할 수 있다. 이는 교활하게 상대의 생각을 조종하는 테크닉이 아니라 상대의 입장을 이해하는 공감에 관한 이야기다.

넷째는 상대방의 생각의 크기에 맞추어 말해야 한다는 점이다. 사람마다 관심을 가지는 세상의 크기가 다르다. 예를 들어 회사에서는 사람마다 본인 업무, 상사의 칭찬, 팀의 성과, 회사의 성과, 그룹의 성과 중 어느 규모를 최적화하고자 하는지가 다르다. 이익 가치나 미래 가치와 같이 최적화하고자 하는 시간적 규모도 다르다.

만약 자신이 주로 생각하는 크기의 세상보다 큰 이야기를 들으면 뜬구름을 잡는 것처럼 들린다. 반대로 작은 이야기를 들으면 사소한 디테일에 빠져있는 것처럼 들린다. 이것이 상사들이 항상 뜬구름을 잡는 것처럼 느껴지고 부하직원들이 사소한 디테일에 과몰입한 것처럼 느껴지는 이유다.

누구에게 말해야 하는가?

한 단체의 총체적 방향성을 증가시키기 위해 구성원의 희생이 필요한 난감한 상황이 있을 수 있다. 스타크래프트라는 전략시뮬레이션게임을 예로 들어보자. 게임을 모르더라도 어떤 느낌인지는 알 수 있을 것이다. 나는 '저그'고 상대는 '테란'이다.

게임 중 상대방을 정직하게 공격하는 것은 영리하지 않은 전략이다. 상대의 주력 병력과 싸우면 나의 피해도 클 수 있기 때문이다. 그래서 나는 뮤탈 18마리를 무작정 상대방의 두 번째로 중요한 기지로 밀어 넣는다. 이 뮤탈들이 건물들을 공격하고 있으면 상대방의 병력이 수비하러 올 것이다. 바로 이때 나의 주력 병력은 상대방의 가장 중요한 기지에 상륙하여 게임에서 이긴다.

사실 뮤탈들이 상대 기지에 들어가는 순간 그들의 죽음은 확정된다. 애초에 터렛에게 맞으면서 들어가면 다시 나오려고 해도 터렛에게 죽을 것이고 나가지 않더라도 상대의 수비 병력에 죽을 것이기 때문이다.

여기서 중요한 쟁점이 생긴다. 우리는 이 전략의 내용을 뮤탈들에게 알려줘야 할까? 게임에서는 이기겠지만 자신은 죽는다는 사실을 아는 뮤탈들이 이 전략을 제대로 수행해 줄까? 뮤탈에게 이런 말을 전한다면 어떻게 전달하는 것이 가장 좋을까?

결론적으로는 연차나 직위가 높은 시니어 뮤탈에게는 전략을 전달하는 것이 낫고 주니어 뮤탈에게는 전달하지 않는 것이 낫다. 시니어는 전투가 아닌 게임의 승리가 중요하다는 점을 알고 자신의 희생이 결과적으로 자신의 생존에는 유리하다는 사실을 알기 때문이다. 실제로 회사에서 자신의 팀을 희생시키더라도 회사 전체의 성과에 기여하는 팀장이 승진한다는 사실은 승진한 사람들만이 아는 고급 지혜다.

따라서 시니어에게는 이번 전투가 게임의 승리에 최대한 기여할 수 있도록 전략을 자세히 알려주는 것이 좋다. 주니어 뮤탈은 이번 전투가 세상의 전부라고 생각할 수 있기 때문에 전략에 대한 이야기보다는 최대한 덜 맞고 들어가는 방법과 들어가서는 어느 건물을 때리고 있어야 할지에 대한 전술 디테일을 이야기하는 것이 낫다.

혹시 여기서 '구성원의 희생을 강요하는 것이 제대로 된 단체인가?'라고 생각한 독자는 이 문장을 읽음과 동시에 '아차!' 했을 것이다. 단체는 이윤추구, 독거노인 재정 지원, 이사장의 취향에 맞는 예술가 지원, 환경 보호, 구성원들의 재미, 소유주의 갈대 같은 주관 등 자신의 존재 목적을 극대화한다. 존재 목적을 극대화하는 결정이 건강한 결정이다.

어떤 기업이 영업이익의 절반을 직원의 성과급으로 지급하는 결정은 1차원적으로는 이윤추구에 반대되는 행동처럼 보이지만 결국은 이윤추구를 위한 결정일 수 있다.

회사에서 흔히들 하는 실수는 단체의 존재 목적을 바꾸려고 시도하는 것이다. 단체의 존재 목적을 자연환경처럼 생각하고 '그러면 이제 어떻게 할지'를 고민하는 것이 낫다.

팀 구성하기

회사 대표의 그릇이 회사의 최대 역량이고 팀장의 그릇이 그 팀의 최대 역량이다. 영입하고자 하는 사람의 안목을 넘는 모델을 제시해야만 그를 팀에 합류시킬 수 있다. 격이 높은 사람을 영입하기 위해서는 팀 비전의 격이 그보다 높아야 한다.

일단 팀원들이 정해지면 팀을 잘 구성해야 한다. 팀을 구성하는 것은 서로 다른 능력과 성향의 사람들을 절묘하게 배치하는 예술이다.

예를 들어 창의력과 실행력은 대체로 공존하지 않는다. 이 둘을 모두 가진 스티브 잡스[Steve Jobs]같은 사람이 독자를 위해 일해주지는 않을 테니 다행히 그런 팀원에 대한 걱정은 하지 않아도 된다. 현실적으로는 각 강점을 가진 팀원들이 서로의 약점을 보완할 수 있는 팀 구조와 평가/보상 시스템을 만들어야 한다.

또 팀원 간의 격의 차이도 고려해야 한다. 직접 협업하는 팀원 간의 격의 차이가 크면 둘 다 불행해지고 격의 차이가 작으면 둘 다 성장하지 못하기 때문이다. 이러한 상황은 팀원들의 동기를 잃게 한다. 따라서 격의 차이가 적절하게 나는 사람들끼리 협업할 수 있도록 팀을 구성해야 팀을 유지할 수 있다.

Big5 관련 유명한 연구 중에는 우울성[N]이 높으면 결혼 생활이 불행해진다는 결과가 있다. 나머지 4개[OCEA] 성향의 다름은 아무런 문제가 되지 않았다. 따라서 우울성이 높은 사람은 팀에 들이지 않는 것이 좋다. 이는 벤저민 카니[Benjamin R Karney]와 토머스 브래드버리[Thomas N Bradbury]의 연구 결과에 따르면 그렇다는 것이지 이 책의 주장은 아니다.

천하를 운영하기

여러 성향과 다양한 격을 가진 사람들이 공통된 비전을 바라보게 하는 것이 탁월한 팀의 운영 방식이다. 그런데 이러한 팀의 운영 방법에 대하여 공자와 노자는 반대의 방법을 제시한다.

공자는 예(禮)를 절대적 진리로 믿은 사람인데 훌륭한 임금이란 예의 에센스가 100%에 가까운 임금이라 했다. 즉 기업의 비전에 가장 가까운 리더가 훌륭한 리더라는 것이다. 공자의 방법을 따르자면 가장 훌륭한 리더는 비전에 가장 헌신하는 모습을 보여야 하고 팀원에게 끊임없이 비전을 설파해야 하며 자신이 가장 열심히 일해야 한다.

 또한 공자는 백성들이 열심히 일하지 않는 이유는 더 열심히 한 사람에게 큰 보상을 주지 않아서라고 했고, 백성들이 말을 듣지 않는 이유는 곧은 사람 위에 굽은 사람을 앉혀서라고 했다 (《논어》 위정편 중). 즉 비전에 헌신할수록 보상을 많이 주어야 하며 비전에 더 가깝게 행동하는 사람에게 더 많은 권한을 줘야 한다.

한편 노자는 〈도덕경〉 17장에서 가장 훌륭한 임금은 백성들이 그 존재를 알기만 하고 존재가 느껴지지 않는 임금이라고 했다. 따라서 공자처럼 리더가 앞에 나선다거나 팀원들이 비전을 따르도록 요구하면 안 된다. 리더의 주관이 반영되지 않은 것처럼 보이면서도 해상도 높은 비전을 제시하기만 하고 팀원들이 그것을 채택하기를 가만히 기다려야 한다.

 공자와 노자의 방식은 운영하는 팀의 규모에 따라 그 효과가 다를 것이다. 규모가 커질수록 공자의 방법대로 운영하기 힘들어진다. 각 팀원의 가치관과 생활 양식이 다를 것이기 때문에 각 팀원에게 직접 개입하기 힘들기 때문이다. 따라서 큰 규모의 팀을 운영하는 데는 직접 개입하지 않는 노자의 모델이 더 적합한 면이 있다. 특히 천하와 같이 큰 규모를 운영해야 하는 경우에 대해서 노자의 모델이 많은 아이디어를 줄 것이다.

…라고 말은 하지만, 문제는 노자의 이야기는 읽어도 잘 와닿지 않는다는 점이다. 그 이유는 공교롭게도 천하를 운영하는 시스템들이 실제로 우리에게 느껴지지 않게 작동하고 있기 때문이다.

사회의 수많은 평가 기준은 우리의 행동에 큰 영향을 미치고 있는데 그냥 원래부터 있었던 것처럼 평소에는 잘 느껴지지 않는다. 예를 들어 대학 입시 기준이 바뀌면 모든 교육업계의 판도가 바뀌고 예술 공모전의 심사위원이 교체되면 예술계 종사자(예술가적 삶의 태도가 없는)들의 미의 기준이 바뀐다. 하지만 평가 기준이 급격하게 바뀌는 일은 거의 없으므로 평상시의 우리에게는 잘 느껴지지 않는 것이다.

지구온난화를 늦추기 위해 나무의 벌목을 금지하고 개인 자가용보다는 대중교통을 활성화하는 정책은 언뜻 봐서는 그럴듯해 보인다. 하지만 개발도상국의 벌목을 금지한다면 그들은 건물을 지을 수 없어 발전할 수 없을 것이고 인구가 밀집되지 않은 국가에서 대중교통을 활성화하려면 엄청난 비용이 필요할 것이다. 넓은 범위에 동시에 적용될 수 있는 정책은 없다. 따라서 지구온난화를 늦출 정도의 큰일을 하기 위해서는 자잘한 정책들이 아니라 엉성하지만 피할 수 없는 큰 정책이 필요하다.

그중 우리에게 많은 영향을 주고 있지만 그 존재는 잘 느껴지지 않는 대표적인 예시는 탄소배출권의 거래다. 1997년 교토의정서를 통해 40

개국이 자국의 온실가스 배출 목표량을 합의했다. 이 합의는 2005년부터 효력을 가지게 되었다.

이제 전 세계의 기업에 할당된 탄소 배출량과 실제 배출량의 차이만큼의 탄소배출 권리가 활발히 거래되고 있다. 일상을 사는 우리에게는 이러한 합의의 효과가 잘 느껴지지는 않는다. 하지만 탄소배출권의 거래가 활성화된 이후 국가와 기업들은 경제학적인 이유로 탄소 효율적인 설비들을 도입하게 되었고 친환경 에너지를 쓸 동기가 많아지게 되었다. 이러한 영향은 각 소도시와 기업들의 절약 운동이나 분리수거 등 특화된 정책들을 만들게 했다. 이는 결국 일상을 사는 우리에게도 영향을 주고 있다.

물론 지구온난화를 획기적으로 늦추기 위해서는 이 외에도 몇 가닥의 그물이 더 필요할 것이다. 하지만 영역마다 최적화하는 더 정교한 시스템을 만들어서는 부족할 것이다. 엉성하면서도 전체를 포괄하는 그물이 그 목적을 달성하게 할 것이다.

에필로그

자백하자면 이 책은 격을 높이거나 득도해야 하는 이유를 얼버무린 상태로 재밌는 이야기를 하는 척 속여서 독자들을 득도시켜 버렸습니다. 한 번 올라간 격은 내려갈 수 없으니 이제 《열반 3000》의 독자들은 어쩔 수 없이 높은 격에서 살아가게 될 것입니다.

이는 독자가 앞으로 온전한 자기 자신으로서의 삶을 살아가게 된다는 의미입니다. 인류가 만들어놓은 평가 기준에 종속되지 않고 자신만의 잠재력이 최대한 발현되는 삶이 시작될 것입니다. 맥락이 쌓일수록 세상을 보는 눈이 정교해질 것입니다. 보이는 만큼 더 온전한 세상을 느낄 것입니다.

《열반 3000》의 독자는 책의 내용과 관련한 궁금한 점이 남아있을 수도 있습니다. 하지만 동시에 이미 자기 안에 스스로 답을 가지고 있다는 사실도 느끼고 있을 것입니다. 이 세상에는 맞고 틀리고가 없으니 자신만이 만들어낼 수 있는 바로 그 모델이 자신에게는 정답일 것입니다. 이제 거리낌 없는 행동의 자유를 누리며 각자의 예술을 하면 됩니다.

이 원고의 집필을 마지막으로 저는 이제 여러분이 찾을 수 없는 곳으로 돌아갈 예정입니다. 여기에 계속 남아서 함께 지내고 싶지만 고향을 너무 오래 떠나 있었네요. 그래도 가끔 들를 때마다 인스타그램 @oringnation에서 인사드리겠습니다.

그럼 즐겁게 사시고 언젠가 뵙겠습니다!

저자 수수케이키

용어사전

단어	의미
모델	현상에 대응하여 인간이 만들어낸 생각. 즉, 모든 생각
채택	어떤 모델에서 독립한 상태에서 이 모델을 사용하기로 결정하는 것
앙상블	여러 모델을 조합하는 일
인류 맥락	인류의 모든 생각의 합집합
모델의 격(높이)	모델 맥락의 포함관계 + 투표 테크닉으로 정의된 비교관계
독립 / 종속	독립 - 어떤 생각을 모델로 받아들일 수 있는 상태 종속 - 어떤 생각을 모델로 받아들일 수 없는 상태
이성	모델의 구성을 이해하는 능력
공감	이성적 공감 + 정서적 감정이입
안목	모델의 높이를 가늠하는 능력
교양	모델이 다른 모델들과 맺는 관계를 아는 능력
공감의 격	이성적 공감 + 정서적 감정이입의 높이
사람의 격	이성의 격 + 공감의 격
에센스	사회적으로 정의된 분야의 기본기
스타일	에센스의 파괴
열반	모든 모델을 채택의 대상으로 삼은 후 아무 모델도 채택하지 않는 것
무위	채택의 대상인 모델을 채택하는 일
상상	실물이 존재하지 않는 개념적 모델의 예시 모델을 머릿속에서 구현하는 일
실현 한계	모든 미래에 실현될 수 있는 인류 맥락의 합집합
깁득도	실현 한계를 상상하는 상태
믿음	어떤 모델에 종속된 상태에서 사용하기로 결정함
도를 행하다	거리낌 없이 무위함
도통	득도인이 도를 행하면 모든 일이 잘 풀리는 것
무위의 영향권	평소에 나를 바라보는 사람들

행: 1일차 — 모델 ~ 사람의 격 / 2일차 — 에센스 ~ 믿음 / 3일차 — 도를 행하다 ~ 무위의 영향권

3부

에필로그

우연인지 필연인지 나는 어느 수학 학회장에서 수수케이키 박사를 발견하게 되었다. 발표 후 아무도 없는 위층에서 쉬고 있던 나는 복도의 공간상에 나타났다가 사라지는 어떤 얼굴의 형상을 보게 되었다.

당신은 이런 경우를 실제로 마주하게 된다면 도망을 갈 수 있을까? 큰 소리로 다른 사람을 부를 수 있을까? 아니면 경찰에 신고할 수 있을까?

나는 단지 가만히 얼어붙어 필사적으로 상황을 파악하는 일 외에는 아무것도 할 수 없었다.

그것은 내게 어떤 행동을 요구하는 것 같지는 않았다. 단지 3~10초 간격으로 불규칙하게 나타났다 사라지기를 반복하고 있었다. 수학을 전공한 나는 이 모습이 어떤 고차원의 경로를 왕복하는 모습의 3차원 단면일 것으로 추측했다.

몇 분 정도 시간이 지나면서 두려움은 없어졌고 호기심이 커졌다. 그 형상은 나를 해칠 것 같지 않았다. 그래서 나는 우선 그 길을 가까이서 살펴보고자 일어섰는데 그 순간 나는 그 길을 통과하게 되었다. 이 모든 일은 순식간에 일어났다. 마치 진공보다도 더 비어있는 공간을 뚫고 날아가는 듯한 느낌이 들었다. 끝까지 일어서고 나니 나는 어떤 낯선 공원에 서 있었다.

도착한 공원은 평범해 보이는 사람들로 가득 차 있어 나는 곧 안전함을 느꼈다. 나는 아까 봤던 형상을 다시 발견했다. 그는 어떤 건물 앞에 서 있었다. 나는 휴대전화로 그 형상이 있던 곳의 사진을 찍은 후 그쪽으로 걸어갔다.

건물 옆 작은 문 앞에는 200페이지 정도 되는 종이 뭉치가 끈으로 묶여 있었다. 뭉치를 집어 들고 끈이 묶이지 않은 모서리 쪽으로 페이지를 넘기며 살펴봤더니 글자 대신 복잡한 수식만이 빼곡히 적혀 있었다.

그제야 나는 주위를 다시 둘러봤고 저 멀리 강 속에 있는 형상과 눈이 마주쳤다. 그리고 곁눈질로 종이 뭉치를 바라본 순간 나는 갑자기 원래 있던 학회장으로 돌아오게 되었다.

이것이 내가《열반 3000》을 비롯한 여러 문서를 발견하게 된 경위다. 그 후 일부 문서를 해독할 수 있었는데 오링인들의 계획에 방해가 될 수도 있어서 이 이야기를 아무에게도 전달할 수 없었다. 하지만《열반 3000》이 아직까지도 공개되지 않은 점에 무언가 문제가 생겼다고 판단하여 문서 일부를 공개하는 것이다.

《열반 3000》의 원문은 극도로 추상화되어 있으며 인류의 무위(無爲)를 엔트로피 최대화의 관점으로 설명하고 있다. 이는 자연에서 분자들 간의 종속성을 제거하여 각 분자가 최대한 자유롭게 움직이는 상황이 최대의 엔트로피를 가져오는 것과 유사한 관점이다.

원문의 '양자 중첩'을 '모델의 앙상블'로 '관측'을 '채택'으로 '엔트로피'를 '맥락'으로 번역하였다.

공개된 번역본은 원문의 내용을 최대한 정확하게 전달하고자 노력했다. 이 과정에서 개인적 견해나 해석을 배제하고 원문의 의미를 충실히 옮기는 데 집중했다. 향후 이 내용에 대한 심층적 분석이 필요하다고 판단될 경우 별도의 저작물을 통해 다룰 계획이다.

그런데《열반 3000》의 저자인 수수케이키 박사가 에필로그에 적어 놓은 인스타그램 계정 @oringnation은 실제로 존재한다. 더욱 흥미로운 점은 계정의 첫 게시글은 내가 《열반 3000》을 발견한 날 찍은 사진이라는 것이다. 그는 아직 우리의 지구 E-3000에 남아있을까? 오링인들과 그들의 마지막 변수 프로토콜은 어떻게 된 것일까?

인스타그램의 @oringnation 계정을 주시하는 것이 우리의 유일한 선택지일 것이다.

저자 노현빈

이탈리아 볼타 신전에서 관측된 수수케이키 박사

│ **마지막 변수** 수수케이키와 열반3000 │
│ 2024년 10월 14일 발행 │ 지은이 노현빈 │ 펴낸이 이연숙 │
│ 펴낸곳 도서출판 덕주 │ 출판신고 제2024-000061호 │
│ 편집주간 안영배 │ 편집 임진선 │ 디자인 강동영 │
│ 주소 서울시 종로구 삼일대로457 1502호(경운동) │ 전화 02-733-1470 │ 팩스 02-6280-7331 │
│ 이메일 duckjubooks@naver.com │ 홈페이지 www.duckjubooks.co.kr │
│ 이 책의 판권은 지은이와 도서출판 덕주에 있습니다. 양측의 동의 없는 글과 그림의 전재 및 복제를 금합니다 │

ISBN 979-11-988146-5-4   값 22,000원